고수의 행복 수업

인생 곳곳에서 행복을 재발견하는

한근태 지음

고수의
행복 수업

딩동!
오늘의 행복이
도착했습니다

지금부터
행복이
찾아오게 하세요

클라우드나인

서문
사람은 마음먹은 만큼만 행복해진다

세상에는 그리기 쉬운 것과 그리기 어려운 것이 있다. 아무도 본 사람이 없는 귀신은 그리기 쉽다. 하지만 누구나 아는 개는 막상 그리기 어렵다. 한비자가 한 말인데 행복에 대해 글을 쓰면서 이 말이 떠올랐다. 행복은 수많은 사람이 늘 생각하는 주제이기 때문에 글쓰기 어려운 주제임이 틀림없다. 행복에 관한 생각은 모두 다를 수 있기 때문이다. 또 행복에 대해 이렇게 공개적으로 내 생각을 표현하는 것이 과연 바람직할까에 대한 생각도 많이 했다. 석복惜福이란 말은 복을 아긴다는 말인데 함부로 본인의 행복에 대해 떠들지 말라는 말이다. 이러저러한 이유로 행복에 대한 글을 쓰고 몇 년은 묵힌 거 같다. 그럼에도 이 책을 내기로 한 건 정말 오랫동안 행복에 대해 생각했고 고민했고 관련한 책도 많이 읽었고 행복하기 위해 노력했기 때문이다. 그래서 내가 깨달은 행복에 관한 얘기를 사람들과 나누고 싶었다.

행복이란 무엇일까? 행복의 정의는 무엇일까? 나를 행복하게 하는 것과 불행하게 히는 것은 무엇일까? 난 인제 가장 행복할까? 결혼하면 행복하고 결혼 안 하면 불행할까? 함께 하면 행복하고 혼자 있으면 불행할까? 최근 가장 행복했던 일은 무엇일까? 좀 더 행복하기 위해서는 무엇을 어떻게 해야 할까? 누구를 만나야 할까? 어디에 시간과 돈을 써야 할까?

무슨 일을 하건 가장 먼저 해야 할 일은 그 단어에 대해 정의하는 것이다. 행복도 그렇다. 헌법에도 인간은 행복할 권리가 있다고 얘기하는데 도대체 그 행복이란 무엇일까? 행복의 사전적 정의는 '생활에서 충분한 만족과 기쁨을 느끼는 흐뭇함이나 그러한 상태. 깊은 수준의 평온함과 충만함이다.' 별로 와 닿지 않는다. 행복 전문가 최인철 교수의 주장은 이렇다. "행복happiness과 우연을 뜻하는 해프닝happening은 어원이 같다. 즉 행복은 의도된 어떤 것이 아니라 예상치 못하게 등장하는 어떤 것이다. 어떤 면에서는 요행과 비슷하다. 목적을 갖고 추구해야 하는 게 아니라 사는 과정에서 문득 찾아오는 요행과 같다." 그럴듯하다. 목적을 갖고 추구하는 게 아니라 어느 순간 나도 모르게 나를 찾아오는 게 행복이란 것이다.

난 언제 행복할까? 내게 행복은 일상의 행복이다. 난 하루하루의 일상이 행복하다. 밤에 잠이 쏟아져 푹 잘 때 행복하다. 숙면을 한 후 새벽에 일어나 뜨거운 보이차를 마시며 일기를 쓸 때 행복하다. 앙드레 가뇽의 피아노곡을 들으며 글을 쓸 때 행복하다. 카카오톡에서 오늘 생일인 사람을 찾아 그에게 맞는 책 선물을 보내고 간단한 안부를 물을 때 행복하다. 내가 보낸 선물에 그가 답을 하면서 뭔가 연결된다는 기분이 들 때 행복하다. 쓴 글이 맘에 들 때 정말 행복하다. 몰입해서 쓴 내 글을 보며 스스로 도취할 때 진심으로 행복하다.

아내가 차려준 아침 식사를 하며 잉크 냄새 나는 「조선일보」와 「중앙일보」를 볼 때 행복하다. 식사 후 커피를 내릴 때의 향과 맛도 나를 행복하게 한다. 완성된 원고를 보낼 때도 행복하고 원고를 묶어 나온 책을 받아보는 것도 행복이다. 글을 쓰다 지쳐 헬스장에 가서 힘든 근육운동을 한 후 샤워를 하고 나올 때는 온 세상을 얻은 기분이다. 다양한 주제로 강의하는 것도 내게는 큰 기쁨이다. 내 책의 독자와의 만남도 내게는 큰 행복이다.

얼마 전 '위대한 경영자'를 운영하는 허소미 대표의 주선으로 광주 팬들과 1박 2일 시간을 보냈다. 저녁 강의에 100여 명이 와서 온갖 질문을 하고 난 거기에 대답하는 형태였다. 즉문즉답의 시간이다. 사인을 하고 사진을 찍고 강의 후 뒤풀이로 치킨에 생맥주를 마셨다. 다음 날 호텔 식사 때도 전날 만났던 20여 명과 또다시 식사하면서 대화하는 시간을 가졌는데 그 자체가 내게는 큰 행복이었다. 아내와 쇼핑하는 시간도 내게는 기쁨이다. 손주들 옷을 살 때 반짝이는 아내 모습 보는 것도 행복하다. 넷플릭스에서 맘에 드는 영화를 보는 것도 즐거움이다. 사실 특별할 건 하나도 없다. 그저 누구나 다 갖고 있는 잔잔한 일상이다.

연세대학교 서은국 교수와 서울대학교 최인철 교수는 행복을 학문적으로 연구하는 사람이다. 이 책을 쓸 때 그들의 책이 큰 도움이 됐다. 난 그 정도의 전문성은 없다. 다만 남들보다 행복에 관한 책을 좀 더 많이 읽었고 남들보다 좀 더 행복하기 위해 애를 쓴 사람이다. 그래서 이 책에서는 이론보다는 다양한 사람들의 생각과 내 경험을 소개했다. 그중 여러분 맘에 드는 걸 선택해 행동으로 옮기면 된다. 그걸로 충분하다. 행복이란 무엇일까?

첫째, 행복은 목적이 아니라 생존을 위한 도구다. 생존을 위해 행복이란 기제를 신이 선물했다는 것이다. 먹는 것과 섹스가 대표적이다. 세상에서 가장 큰 기쁨은 먹는 기쁨과 섹스하는 기쁨인데 만약 먹는 것과 섹스가 괴롭다면 사람들은 먹지 않고 섹스하지 않아 멸종했을 것이란 주장이다. 일도 그렇다. 만약 일하는게 행복하다면 틀림없이 일을 잘할 것이고 당연히 돈도 잘 벌 것이다.

둘째, 행복은 몰입이다. 현대인은 몰입과는 거리가 멀다. 스마트폰에 빠져 현재 자신이 무슨 일을 하는지 무얼 해야 하는지 갈피를 잡지 못한다. 애나 어른이나 붕 떠 있다. 영혼과 몸이 따로 논다. 별로 행복해 보이지 않는다. 행복은 몰입이다. 몰입하는 순간의 총합이 많은 사람이 행복하다. 아기들은 순간에 몰입한다. 최선을 다한다. 다른 것은 생각하지 않는다. 하지만 나이가 들면서 그런 능력을 상실한다. 하루 종일 산만하고, 몰두하지 못하며, 정신적 부재의 상태에서 '본심이 아닌 채' 지낸다. 행복하기 위해서는 현재 지금 이 순간에 몰입해야 한다. 과거와 미래 대신 현재에 머물러야 한다.

셋째, 행복은 선택이다. 한국 축구가 월드컵 4강에 올라가고, 자식이 공부를 잘해 서울대학교에 들어가고, 내가 산 주식이 왕창 오르고, 승승장구해야 행복한 건 아니다. 그런 일은 자주 일어나지 않는다. 행복은 일어난 일보다 그 일을 어떻게 바라보고 어떻게 해석하는지에 달려 있다. 행복은 선택이다. 행복하기 위해서는 행복을 선택해야 한다. 행복을 선택한 사람은 불행해 보이는 사건에서도 행복을 찾을 수 있지만, 아무 생각이 없는 사람은 행복해 보이는 사건도 불행하게 생각한다. 사람은 마음먹은 만큼만 행복해질 수 있다.

넷째, 행복은 운동이다. 운동을 하기 전 나의 모습과 운동을 끝낸 후 나의 모습은 완전히 다른 사람이다. 운동 전 난 초췌하고 지치고 고달파 보인다. 하지만 힘든 근육운동을 하고 샤워를 마치면 난 새사람이 된다. 행복이란 바로 이것이라고 소리치고 싶은 충동을 느낀다. 불행한가? 늘 우울한가? 그러면 운동을 시작하라. 자리를 박차고 나와 걷거나, 뛰거나, 철봉을 하거나, 팔굽혀펴기하라. 운동이 당신을 구원할 것이다. 대부분의 우울과 불안은 너무 움직이지 않고 운동을 하지 않은 결과이다.

다섯째, 행복은 관계다. 다른 게 다 좋아도 자주 만나는 사람과의 관계가 나쁘면 행복하기는 힘들다. 직장생활이 그렇다. 월급도 많고 하는 일이 좋아도 직속 상사 혹은 동료와 관계가 틀어지면 행복할 수 없다. 오죽하면 부처님이 인간의 8가지 고통 안에 만나고 싶지 않은 사람과 만날 수밖에 없는 고통인 원증회고怨憎會苦를 넣었겠는가? 자주 만날 수밖에 없는 사람과 관계의 질, 가족과의 관계의 질이 행복을 좌우한다. 근데 좋은 관계는 공짜가 아니다. 관계에는 노력과 희생이 있어야 한다.

널모레가 70세인 나는 가끔 죽음에 대해 생각한다. 언젠가 죽는 날이 되어서 내 인생을 되돌아볼 때 스스로 어떻게 평가할 것인가? 다른 사람들은 나를 어떻게 생각할까? 아내와 자식과 손주들은 나를 어떻게 생각할까? 다른 사람들은 모르겠지만 난 참 행복했다고 자신 있게 얘기할 수 있다. 초년에는 공부하는 문제로, 경제적 문제로, 이런저런 관계의 문제로 힘든 시간을 보냈지만 그건 성장을 위한 과정이고 필요한 시간이다.

좋은 부모 밑에서 태어나 사랑을 듬뿍 받고 자랐다. 괜찮은 DNA 덕분에 경복고등학교와 서울대학교에 다녔고 국비유학생으로 공부했다. 나보다 나은 배우자를 만나 두 딸을 낳고 그들과 넘치는 사랑을 주고받았다. 괜찮은 사위를 얻어 손주도 셋이나 있고 손주들의 뜨거운 사랑을 받고 있다. 내가 좋아하는 일을 하면서 제법 많은 독자의 사랑도 받았다. 책도 50권 넘게 썼고 지금도 현직으로 활발하게 활동하고 있다. 근데 이 모든 게 다 내가 좋아서 하는 일이다. 행복이란 기제가 밑에 깔려 있다. 이 책이 여러분의 삶을 조금이라도 충만하고 행복하게 한다면 더 바랄 게 없다.

가끔 앞으로의 계획이 무엇이냐는 질문을 받는다. 내게 무슨 계획이 있을까? 사실 별다른 계획은 없다. 그저 지금처럼 하루하루 충실한 삶을 살고 싶다. 건강하게 지금과 같은 일상을 살고 싶다. 굳이 있다면 존재만으로 행복하고 유쾌한 할아버지가 되고 싶다.

|목차|

행복해지는 법은 많다

1.

자기만의 행복의 정의를 내리자

영국의 한 신문사가 이 세상에서 제일 행복한 사람을 조사해 등수를 발표했다. 결과는 어땠을까?

1등은 해변에서 가족들과 함께 모래성을 쌓고 있는 아이들, 2등은 집안일을 마치고 휘파람을 불며 아기를 목욕시키고 있는 사람, 3등은 작품 완성을 눈앞에 두고 붓에 물감을 묻히는 화가, 4등은 수술을 성공적으로 마치고 땀을 닦는 외과 의사였다. 1등은 가족과 몰입이고 2~4등은 자신이 하는 일을 좋아하고 즐기는 것이다.

각자 행복을 느낄 때가 다르다

행복이란 무엇일까? 행복이란 말을 자주 쓰긴 하지만 행복이 정확히 무엇인지를 정의하는 건 쉽지 않다. 너무 많은 사람이 너무 다양한 정의를 내리기 때문이다. 나 역시 마찬가지다. 여기서 나는 행복에 대한 다양한 정의를 소개하고 싶다. 이걸 보고 여러분도 나름의 행복의 정의를 내리길 권한다. 다른 사람의 정의가 아니라 나만의 정의를 생각해야 한다.

우선 어원으로 보는 행복의 정의는 무엇일까? 행복이란 단어는 일본을 통해 들어왔다. 제러미 벤담의 '최대 다수의 최대 행복'이란 말을 번역하는 과정에서 만들어졌다고 한다. 영어로 해피$_{happy}$는 우연히 일어난다는 뜻의 해픈$_{happen}$과 어원이 같다. 그날 우연히 일어나는 것의 결과가 행복이란 뜻이 아닐까? 한자로 행복은 다행 행$_{幸}$+복 복$_{福}$이다. 행$_{幸}$ 자는 죄인의 손발에 채우는 차꼬를 뜻한다. 수갑과 발에 채우는 차꼬라니? 이게 뭔 소리인가? 개인 입장에선 죽음을 면해서 행복하고, 나라 입장에선 죄수를 잡아서 행복하단 뜻이라고 한다. 복$_{福}$ 자는 제단에 술을 올리면서 복을 구한다는 말이다.

행복은 도취한 기분인 쾌락과는 다르다

행복의 사전적 의미는 뻔하다. "행복은 만족감에서 강렬한 기쁨에 이르는 모든 감정 상태를 특정 짓는 안녕 상태" 혹은 "좋은 느낌과 긍정적인 마음, 활기 넘치는 생활, 의미 부여, 인생에서 가치 있는 선택을 하는 것" 등이다. 행복은 장기간에 걸친 내적 감정, 잘살고 있다는 그런 느낌이다.

쾌락을 행복과 구분하기도 한다. "쾌락은 도취한 기분이다. 음식, 섹스, 약물과 기타 쾌락 자극 물질에 반응해 뇌에서 도파민이 분비되는 것이다. 순간적으로 왔다가 순간적으로 사라진다. 계속해 쾌락을 즐기려면 자극의 정도를 높이거나 새로운 자극을 찾아야 한다."

2.

타인이 아닌 당신은 언제 행복한가

우선 노벨경제학상을 받은 심리학자 대니얼 카너먼이 생각하는 행복의 정의는 이렇다.

"자기 삶에 만족하는 것이 진정한 행복이다. 경험하는 자아와 기억하는 자아를 구분해야 한다. 무엇을 경험하는가도 중요하지만 이를 어떻게 기억하는가가 더 중요하다. 무슨 일을 해주었는가도 중요하지만 그것에 대해 그 사람이 어떻게 기억하는가가 더 중요하다. 행복이란 하루 중 가장 기분 좋은 시간이 얼마나 되는가에 의해 결정된다. 기분 좋은 시간이 길수록 행복하고, 짧을수록 불행하다."

어떤 일을 어떻게 받아들이는지가 중요하다

정리하면 이렇다. 무슨 일이 일어났는가보다 그 일을 어떻게 받아들이고 해석하는지가 중요하다는 것이다. 이것의 원조는 그리스 스토아학파의 철학자 에픽테토스다. 그는 이렇게 말했다. 세상에는 할 수 있는 일과 할 수 없는 일이 있다. 대부분의 일은 할 수 없다. 할 수 있는 유일한 일은 벌어진 일에 대해 어떻게 생각할 것인가, 이걸 어떻게 받아들일 것인가이다. 이를 스티븐 코비는 주도성으로 재해석했다. 성공한 사람들은 주도적이다. 간단하지만 의미심장하고 세월이 흘러도 그 중요성은 사라지지 않을 것 같다.

'행복 과학'의 거장 폴 돌런은 저서 『행복은 어떻게 설계되는가』란 책에서 이렇게 말한다.

"행복은 즐거움과 목적의식을 경험하는 것이다. 한계효용체감의 법칙을 활용하라. 한 가지 활동을 하다 즐거움이 줄면 활동을 바꿔라. 덜 즐거운 일이라도 목적의식이 명확하면 그 일을 하라. 몸짱을 위해서는 운동의 고통과 배고픔의 고통 정도는 참을 수 있어야 한다. 즐거움과 목적의식의 균형이 중요하다. 어텐션attention의 배분이 중요하다. 주의注意는 한정 자원이기 때문에 잘 배분해야 한다. 자신을 행복하게 하는 것에는 더 주의를 기울이고 덜 행복하게 하는 것에는 주의를 덜 써라."

풀어서 설명하면 이렇다. 목적이 있고 의미가 분명하면 힘든 일을 힘들게 느끼지 않는다. 일이 힘들고 행복하지 않은 건 일의 목적이 불분명하고 의미가 없다고 느끼기 때문이다. 목적을 분명히 하고 목적 달성을 위해 고통을 견뎌라. 고통이 없으면 얻는 것도 없다no pain no gain.

내가 생각하는 행복의 정의는 "일상에서의 의미와 재미"다. 키워드가 세 개다. 일상, 의미, 재미가 그것이다. 일상에 주목해야 한다. 승진해야 행복하고, 돈을 왕창 벌어야 행복하고, 배우자가 내 말을 잘 들어야 행복하다면 행복은 너무 멀다. 행복은 자잘한 것이다. 늘 일상에 널려 있다. 다음은 재미와 의미다. 재미는 순간적인 즐거움이고 의미는 가치에 관한 말이다. 이 잣대를 하는 일에 대입하면 해야 할 일과 하지 말아야 할 일이 나온다.

행복의 첫걸음은 나만의 행복을 아는 것이다

행복 전문가 최인철 교수는 해야 할 일 세 가지로 여행, 운동, 좋아하는 사람과 맛난 것 먹기를 꼽고 하지 말아야 할 걸로 지나치게 일을 많이 하는 것, 디지털 기기를 많이 쓰는 것, 출퇴근 시간이 긴 것을 꼽는다. 그중 압도적 1위는 단연 여행이란다. 왜 그런지에 대한 질문에는 이렇게 답한다.

"여행은 무엇으로부터 벗어나는 것입니다. 무언가와 떨어져보는 경험은 상당한 행복감을 줍니다. 행복감을 강하게 주는 활동 중에는 걷기, 놀기, 말하기, 먹기가 있습니다. 그런데 여행에는 걷기, 놀기, 말하기, 먹기가 모두 들어 있습니다. 그래서 여행은 행복의 종합 선물 세트 내지는 뷔페입니다. 가능한 한 여행을 자주 다니십시오."

긴 연휴에는 늘 사상 최고의 인파가 인천공항을 빠져 해외로 나가는 걸 보면 우리들은 이미 이 사실을 인지하고 있는 것이다.

많은 사람이 행복해야 한다고 버릇처럼 말하지만 정작 내가 생각하는 행복이 뭔지는 잘 생각하지 않는다. 자신이 현재 행복한지 불행한지 인지하지 않는다. 아니, 못하는 것 같다. 무엇이든 일의 처음은 그게 어떤 의미인지를 분명하게 하는 것이다. 행복도 그렇다. 행복의 첫걸음은 내가 생각하는 행복이 뭔지 나만의 언어로 재정의하는 것이다. 남이 생각하는 행복이 아니라 내가 생각하는 행복이 뭔지를 생각해보는 것이다. 여러분에게 행복은 뭔가? 오늘의 숙제다.

3.

행복은 일과 공부에서 오는 충만감이다

내가 생각하는 성공의 정의는 "더 이상 나를 증명할 필요가 없는 것"이다. 더 이상 나를 드러내기 위해 노력하지 않아도 괜찮은 상태가 되는 것이다. 물론 갈 길은 멀다. 이처럼 무슨 일이든 그 일을 제대로 하기 위해서는 그 일에 대한 정확한 정의를 내려야 한다. 일도 그렇고, 결혼도 그렇고, 행복도 그렇다. 행복에 관한 책 『인문학에 묻다, 행복은 어디에』란 책에는 17명의 고수들에게 행복이 무엇이고 언제 행복을 느끼는지를 인터뷰 형식으로 쓴 책이다. 그중 몇 명을 소개한다.

공부하는 기쁨이 행복이다

한국학을 공부하는 한형조의 얘기다. 그는 문제 직시를 주장한다. 문제의 원인을 밖에서 찾지 말고 안에서 찾아야 한다는 것이다. 그의 주장을 요약하면 이렇다.

"유교는 위안을 주지 않는다. 어떤 이들은 상처받는 자들에게 위로를 주고 힐링으로 유도한다. 하지만 유교는 모든 문제가 나로부터 오고, 너로 인해 일어난다고 말한다. 상처를 있는 그대로 신랄辛辣하게 본다. 어떤 이에게 일어난 문제는 그가 사람을 대하는 습관, 태도 이런 것들이 잘못되어 있기 때문이다. 이걸 바꿔야 한다. 바꾸려면 뭐가 문제인지 파악해야 한다.

유교는 성찰의 학문이지 위로의 학문이 아니다. 최근 우리 사회는 위로라는 설탕을 너무 투여해 당뇨병에 걸릴 지경이다. 위로는 일시적 마사지일 수 있다. 따뜻한 속임수일 수 있다. 그럴 듯하지만 문제해결에는 도움이 되지 않는다. 화살이 과녁을 빗나가면 과녁을 탓하지 말고 자기를 탓해야 한다. 바깥에다 징징대서는 안 된다."

그가 생각하는 행복은 수신이다. 자신을 갈고닦는 것에서 행복을 느껴야 한다는 것이다. 특히 배움에서 기쁨을 찾길 권한다. 그가 생각하는 행복은 한마디로 학이시습지學而時習之 불역열호不亦

說乎에서의 열說이다. 공부하는 기쁨이 그가 생각하는 행복이다.

행복과 불행은 한몸이다

신경정신과 이나미 교수는 행복을 세 가지로 구분한다. 플레저pleasure, 해피니스happiness, 조이joy가 그것이다. 플레저는 당의정이다. 감각적 쾌락이다. 해피니스는 기분 좋고 마음이 즐거운 상태다. 우리가 지향할 행복은 조이다. 깊은 깨달음에서 오는 즐거움, 온전한 나를 찾은 이들만이 맛볼 수 있는 반가사유상의 미소 같은 것이다. 해피하기 위해서는 코미디를 보면 된다. 쾌락을 원하면 술, 마약, 섹스를 하면 된다. 근데 이건 달콤한 케이크를 먹는 것과 같다. 아무리 맛있어도 케이크 열 개를 먹을 수는 없다. 금방 질린다.

깊은 고통으로 다져진 조이는 쉽게 흔들리지 않는다. 기쁨이 주변의 쾌락에서 오는 것이 아니라 내 안에서 오기 때문이다. 통쾌란 단어가 아플 통痛+쾌할 쾌快인 것도 아픔이 있어야 쾌감이 온다는 말이 아닐까? 행복과 불행은 한 몸이다. 불행이 없다면 행복 또한 없다. 이 교수는 종갓집 며느리라 매년 12번의 제사가 있었다. 청소하고 요리하고 설거지하다 보면 진이 다 빠졌다. 너무 힘들어 친정어머니께 하소연했더니 어머니가 이런 말씀을 했다. "걸레가 도 닦는 도구라고 생각해 봐." 그 말에 마음을 바꿔먹으니 많은 것이 달라졌다고 고백한다. 그야말로 모든 것은 생각하기 나름이다.

좋아하는 일이 행복이다

이화여자대학교 최재천 교수도 비슷한 주장을 한다. 그는 고통과 행복을 진화론적으로 다르게 해석한다. 이런 식이다.

"고통은 생명체에게 아주 필요했기 때문에 진화한 현상이다. 지구의 급격한 변화는 생명을 위협한다. 지구가 변할 때마다 생명체는 생존을 위협받는다. 그런데 이런 고통은 간절함으로 바뀐다. 살아남기 위한 간절함이다. 강물에 더 이상 먹이가 없다면 물고기는 육지로 올라와야만 한다. 그러다가 지느러미가 앞발로 변한다. 진화 차원에서 고통은 중요한 통과의례다. 생명체가 시행착오를 거쳐 더 나은 어딘가로 가기 위한 매개 같은 것이다."

그가 생각하는 행복은 바로 일이다. 행복에 대한 그의 생각이다.

"난 정말 행복하다. 대부분 일과 행복이 분리된 삶을 살고 있지만 내게는 일이 곧 행복이다. 방황하고 방황하다 마지막 순간에 이걸 찾았다. 생각해보면 너무너무 고맙다. 내가 하고 싶은 일과 내가 하는 일 사이에는 틈이 있다. 그 틈이 클수록 삶은 힘들다. '내가 지금 뭘 하며 살지?'라는 생각이 수시로 밀려온다. 둘 사이에 틈이 작으면 안에서 올라오는 충만감이 커진다. 자기가 좋아하는 일을 열심히 하다 굶어 죽은 사람은 없다. 굶어 죽는 건 좋아하는 일이 아니기 때문이다."

가야금이 잘되는 것이 행복이다

가야금 명인 황병기가 생각하는 행복은 무얼까? 그는 이렇게 말한다.

"내가 좋아서 뭔가를 할 때는 철커덕하고 마음과 근육의 톱니바퀴가 맞물린다. 그때 에너지가 생겨난다. 내 안에서 끝없이 에너지가 올라온다. 정말 좋아하는 일을 할 때는 피곤한 줄 모른다. 모든 위대한 작품에는 그런 끌림이 있다. 진짜 가야금이 잘되는 날이 있다. 그럴 때 난 신의 품에 그냥 안겨 있는 거 같다. 그럴 때가 제일 좋다. 내가 생각하는 행복은 공자의 행복과 같다. 학이시습지 불역열호다. 공자는 때때로 배우라고 했다. 열심히 하라는 말은 안 했다. 때때로란 말이 참 좋다. 뭐든 자기가 좋아서 해야 한다. 학이시습지가 행복이다."

여러분이 생각하는 행복은 무언가? 혹시 많은 돈을 벌고, 높

은 자리에 올라가고, 좋은 차를 타고 다니는 것인가? 이 책에 등
장한 행복에는 두 가지 공통점이 있다. 하나는 일에서 행복을 찾
아야 한다는 것이다. 또 다른 하나는 공부에서 행복을 느낀다는
것이다. 나 역시 비슷한 생각을 한다. 보통 사람들이 가장 싫어
하는 일과 공부에서 행복을 찾는다는 것이 역설적이다.

4.

타인을 위해 돈을 쓰는 것이다

돈과 행복의 상관관계에 대해 많은 얘기를 한다. 한쪽은 별 상관이 없다는 주장이다. "돈보다는 자기 삶에 만족하는 것이 중요하다." "돈이 많다고 꼭 행복한 건 아니다." "부자 중 수면제 없이 사는 사람이 별로 없다."라는 얘기를 한다. 다른 한쪽은 반대 의견이다. "돈이 행복과 관련이 없다고 얘기하는 사람은 한 번도 돈을 가져본 적이 없는 사람이다." "성공한 남편은 부인이 원하는 것보다 많은 돈을 벌어다 주는 남자이고 성공한 부인은 그런 남자를 찾아 그를 배우자로 만든 사람이다."라는 얘기를 한다.

난 반반이다. 돈은 행복에 결정적 역할을 한다고 생각하면서 돈을 행복과 연계하려면 능력이 있어야 한다고 생각한다. 사실

돈과 행복과의 상관관계는 오래된 주제다. 논란의 여지는 있지만 확실한 게 하나 있다. 계속 부자였던 사람, 혹은 처음부터 지금까지 줄곧 어려웠던 사람은 여기에 관해 얘기하기 어렵다는 것이다. 잘살다 어려워진 사람이나 어렵게 살다 살림이 펴진 사람만이 거기에 대해 얘기할 수 있다고 생각한다. 난 후자에 해당한다. 난 줄곧 어렵게 살다 최근에 아주 조금 살림이 폈다. 당연히 돈과 행복의 상관관계에 관해 얘기할 수 있다.

돈과 행복은 밀접한 관련이 있다

돈과 행복이 관계가 있느냐 물으면 결론은 당근 예스다. 돈과 행복은 밀접한 관련이 있다. 요즘 같은 물질 만능 시대에 돈 없이 행복을 구하는 건 쉽지 않다. 돈이 없다는 자체가 불행일 수 있다. 불행의 원인을 잘 들여다보라. 대부분 부부 싸움의 원인도 돈 때문이다. 돈에 쪼들릴 때 누군가 "행복은 물질과 관련 없다. 행복은 내가 마음먹기에 달려 있다. 여러분 안에 있는 행복을 발견하라."라고 말하면 안에서 화가 치솟는다. "넌 돈이 있으니까 그렇지. 나갈 돈은 잔뜩 있는데 행복이란 말이 나오니? 내일까지 낼 아파트 관리비가 없는데 무슨 행복이야?"라고 따지고 싶다.

그만큼 돈과 행복은 밀접하다. 효도도 돈이 있어야 할 수 있고 친구 관계도 돈이 있어야 유지된다. 부모 노릇도 돈이 있어야 할 수 있다. 당연히 돈과 행복은 떼려야 뗄 수 없는 관계에 있다. 근데 어느 수준까지만 그렇고 그 수준을 넘어서면 더 이상 돈은 행복과 큰 상관관계가 없다. 아니, 지나친 부는 오히려 행복을 해칠 가능성까지 있다. 돈이 주는 가장 큰 폐해는 만족도를 떨어뜨린다는 것이다. 돈이 많으면 쉽게 만족하지 않게 된다.

어떤 면에서 돈과 행복의 상관관계를 따지는 건 영양가 없는 일이다. 하나마나 한 얘기다. 그보다는 두 가지 면을 생각하는 게 가치 있다. 첫째, 돈이 없는 사람은 어떻게 돈을 벌 것이냐를 생각하는 것이다. 난 여기에 관해서는 얘기할 자격이 없다. 둘째, 이미 돈이 어느 정도 있는 사람은 이 돈을 어떻게 쓰는 게 효과적인지 얘기하는 것이다. 후자의 경우는 이미 책에 방법이 나와 있다. 지극히 상식적인 얘기다. 나까지 보탤 건 없지만 혹시 모르는 사람을 위해 정리해본다. 자신보다는 타인을 위한 소비를 늘리라는 것이다.

내가 해보니 맞는 것 같다. 나를 위해 쓰는 것도 좋지만 남을 위해 쓸 때 더 뿌듯하고 기쁘다. 사실 살림이 폈다고는 해도 주변 친구들에 비하면 게임이 되지 않는다. 조족지혈이다. 내가 가진 부는 남한테 밥 사주고, 보고 싶은 책을 살 수 있고, 시간이 될 때 가끔 여행을 갈 정도다. 그중 내가 가장 많이 하는 일은 밥 사주는 일이다. 비싼 건 아니지만 그게 주는 기쁨은 크다. 또 명절에 내가 신세 진 분들에게 꽃이나 건강식품 등을 보내는데 이 기쁨도 크다.

하드웨어보다 소프트웨어에 돈을 쓰자

물건보다는 여행이나 연주회 같은 경험에 돈을 쓰라는 것이다. 반은 맞고 반은 틀린다. 여행도 좋고 골프를 치러 다니는 것도 좋지만 물건 사는 재미도 쏠쏠하다. 난 가족들과 가끔 옷을 사러 다닌다. 내 옷도 사고 애들 옷도 사고 손자 옷을 산다. 백화점에 가는 때도 있지만 남대문 쇼핑을 좋아하는데 재미가 쏠쏠하다. 강도보다는 빈도가 중요하다. 몇 년에 한 번 1캐럿짜리 다이아몬드를 선물하는 것보다는 꽃같이 작은 선물을 수시로 아내에게 선물하는 게 효과적이라는데 난 빈도도 중요하고 강도도 중요하다고 생각한다.

서울대학교 최인철 교수는 "돈으로 행복을 살 수 있을까?"라는 질문을 한다. 그가 생각하는 답은 "예스, 하지만yes, but"이다. 어느 수준까지는 살 수 있으나 그 정도를 넘어서는 아니란 말이다. 그가 생각하는 건 행복을 위해 돈을 효과적으로 쓰자는 것이다.

첫째, 타인을 위한 소비를 늘려라. 남을 위한 선물을 자주 사고 가난한 자를 위한 기부를 자주 하고 관계를 위한 지출을 늘린다. 둘째, 이야깃거리를 만드는 소비를 해라. 수다를 떨 때 행복하다. 단순한 물건보다는 여행을 한다. 셋째, 강도보다는 빈도다. 넷째, 먼저 돈을 쓰고 이를 즐겨라. 소유는 비교할 수 있지만 경험은 비교하기 어렵다는 것이다.

　마지막으로 돈과 행복에 관한 일화를 소개한다. 결혼을 앞둔 남녀가 있었다. 경제력이 별로 없는 남자가 프러포즈한답시고 여자에게 이렇게 말했다. "내가 당신을 풍요롭게 할 자신은 없지만 맘고생은 안 시킬 자신은 있어. 그러니까 나와 결혼해줘." 그러자 여자가 이렇게 답했다. "인간아! 그게 가장 큰 맘고생이거든." 여러분 생각은 어떤가?

5.

행복은 다른 사람과의 좋은 관계다

지금 기분이 어떤가? 잘 모르겠는가? 직원들 기분은 어떤 것 같은가? 그것도 잘 모르겠는가? 그럼 어떻게 그들과 관계를 맺고 경영하는가? 중년 남성 중 이런 사람이 많다. 자기감정을 읽을 줄 모르는 감정 문맹자들이다. 당연히 본인도 힘들고 주변 사람들도 행복하지 않다. 잘 살기 위해서는 자신의 감정을 잘 읽을 수 있어야 한다. 다른 사람의 감정도 잘 살필 수 있어야 한다.

요즘 스트레스받는 일이 있는가? 그 일만 해결되면 스트레스가 사라질까? 그런 일은 없다. 항상성을 깨는 모든 자극이 스트레스다. 슬픈 것도 스트레스지만 너무 좋은 것도 스트레스다. 스트레스를 안 받기 위해서는 아무런 변화가 없어야 한다. 항온항

습실에서 살아야 한다는 건데 불가능하다. 스트레스는 필요한 존재다. 내일 중요한 발표가 있는데 긴장하지 않는다면 어떨까? 준비하지 않을 것이고 당연히 결과는 좋지 않을 것이다. 스트레스를 받지 말라는 말은 공기가 나쁘니까 공기를 마시지 말고 살라는 말과 같다. 중요한 것은 스트레스를 어떻게 인식하고 받아들이느냐다.

다른 사람과 좋은 관계를 맺자

행복을 위해서는 다른 사람과 좋은 관계를 맺을 수 있어야 한다. 세 가지가 필요하다. 민감성, 반응성, 일관성이 그것이다. 민감성은 사람에게 관심을 두고 그의 감정을 예민하게 알아차리는 것이다. 반응성은 민감하게 알아차린 것을 행동으로 반응하는 것이다. 일관성은 그때그때 달라지는 게 아니라 말 그대로 일관성을 갖고 행동하는 것이다. 모든 대인관계는 이 범위를 벗어나지 못한다. 혹시 좋은 관계를 원하지만 상대를 소 닭 쳐다보듯 하지는 않는가? 상대가 하는 말에 아무 반응을 보이지 않는 건 아닌가?

건강한 대인관계를 위해서는 상대를 있는 그대로 받아들이는 게 중요하다. 자기 마음대로 추측하는 대신 있는 그대로 수용해야 한다. 특히 상대의 감정을 수용하는 것이 중요하다. 상대를 분석하고 평가하고 비난하는 대신 감정을 수용해야 한다. 수용한다는 것은 "이 사람은 이런 생각과 감정을 갖고 있구나."라고 이해하는 것이다.

외로운가? 고독한가? 고독이란 말은 무슨 뜻일까? 고독감을 느낀다는 것은 친밀감에 대한 갈망은 있지만 채워지지 않는다는 의미다. 친밀감이 핵심이다. 친밀감은 본능이다. 우리는 친밀하기 위해 노력하지만 많은 경우 실패한다. 독거노인이 그렇다. 내가 생각하는 독거노인의 정의는 "몸은 가족과 함께 있지만 가족의 마음을 전혀 얻지 못하는 노인"이다. 배우자, 자녀와의 친밀감을 획득하는 데 실패한 사람이다. 군중 속 고독이란 말도 그렇다. 물리적으로는 옆에 사람들이 많지만 막상 친밀한 사람이 없다고 느낄 때 오는 마음이다.

친밀감은 바이러스로부터 우리 몸을 지켜주는 면역세포와 같다. 친밀감은 직장 스트레스, 돈 스트레스, 가정 내 스트레스에서 우리를 보호한다. 친밀감을 느끼는 사람은 겨울에 두꺼운 외투를 입은 사람과 같다. 강추위가 몰아쳐도 끄떡없다. 친밀감이 없는 사람은 외투 없이 겨울을 나는 사람과 같다. 찬바람이 조금만 불어도 고독감이란 추위를 탄다. 심할 때는 우울증이라는 폐렴에 걸리기도 한다. 동료애나 친밀감은 햇빛처럼 인간을 치유한다.

친밀감을 느끼려면 서로 통하는 느낌이 있어야 하고, 서로 살피고 도와주어야 하고, 나눔이 있어야 한다. 근데 친밀감을 방해하는 것들이 있다. 첫째, 불완전한 주체성이다. 주체성이 확립되지 못한 사람은 친밀한 인간관계를 맺을 수 없다. 내가 확실해야 너도 확실해진다. 나와 네가 확실해야 두 사람 사이에 인간관계가 이루어지고 친밀한 관계가 가능해진다. 혼자 잘 노는 사람이 다른 사람과도 잘 노는 법이다. 둘째, 시기심이다. 시기심은 다른 사람의 성공이나 미모, 뛰어난 능력을 볼 때 억울하고 화가 나는 심리다. 시기심은 타고난 본능이고 누구나 갖고 있다. 중요한 건 이를 어떻게 극복하느냐다. 시기심의 치료제는 사랑과 감사다. 셋째, 열등감이다. 열등감은 자신을 잘못 평가하기 때문에 생긴다. 동료 간에도 열등감이 작용하면 친밀감을 느낄 수 없다.

힘들 땐 잠을 푹 자는 것도 좋다

말은 이렇게 하지만 실제 살면서 사람한테서 오는 갈등, 미움, 불편함으로부터 자유롭기는 쉽지 않다. 머리로는 알지만 가슴으로는 받아들여지지 않는다. 사람 사는 세상은 늘 상처를 주고받게 되어 있다. 대인관계가 힘들 때 제일 좋은 치유법이 뭔지 아는가? 바로 자는 것이다. 수면이다. 잠에는 자연치유 능력이 있다. 자기 전에는 심각하게 생각했던 이슈도 잠을 자고 나면 별거 아닌 걸로 생각되는 경험이 다 있을 거다. 그런 면에서 건강과 잠, 감정과 잠은 깊은 관계가 있다. 무엇보다 잠을 잘 자면 많은 문제를 해결할 수 있다.

잘 자기 위해서는 어떤 방법이 있을까? 잠은 오는 것이란 사실이다. 우리가 잠에게 가는 것이 아니라 잠이 우리에게 오는 것이다. 잠은 억지로 잘 수 없다. 잠이 내게 잘 오도록 나 자신을 만들어야 한다. 잠이 오지 않으면 오지 않는 대로 그냥 두고 기다리면 된다. 잠은 철저하게 생리적 현상이다. 하루 종일 굶으면 배가 고픈 것처럼 며칠 잠을 못 자면 잠을 자게 되어 있다. 불면증은 사람이 스스로 만드는 병이다. 잠을 못 잘 것에 대한 걱정과 불안이 원인이 되어 잠을 쫓아내는 악순환 상태에 빠지는 것이다. 잠은 깨어나는 시간으로 조절해야 한다. 잠이 오는 시간은 조절할 수 없지만 잠에서 깨는 시간은 조절할 수 있다. 강북삼성병원과 삼성스포츠단에서 펴낸 책 『오늘, 내게 인생을 묻다』의 내용을 바탕으로 정리해보았다.

6.

하루하루 인생을 놀이처럼 즐기자

요즘 역설이란 단어에 꽂혀 있다. 대부분 진리는 역설적이다. 죽음을 생각하고 살면 더 잘 살 수 있다. 우리가 잘못 사는 이유는 영원히 살 것처럼 살기 때문이다. 얼마나 맞는 말인가? 직장생활을 잘하기 위해서는 늘 언제 어떤 모습으로 나올지를 생각해야 한다. 직장생활에서 실패하는 이유 중 하나도 영원히 직장생활을 할 것으로 착각하기 때문이다. 누구나 언젠가는 직장을 나온다.

인생이 즐거운 사람은 인생의 의미를 묻지 않는다

최근 박찬국 교수의 니체 관련 책을 읽다 인생의 의미에 대해 생각하게 됐다. 인생에는 어떤 의미가 있을까? 니체는 이 질문은 잘못된 질문이라고 주장한다. 인생의 의미를 찾지 않을 때 인생의 의미를 알 수 있다는 말이다. 참으로 역설적이다. 인생의 의미 운운하는 이유는 그만큼 사는 것이 힘들기 때문이다. 인생이 즐거운 사람은 인생의 의미 따윈 물어보지 않는다.

니체는 인간 정신을 세 단계로 구분한다. 낙타, 사자, 어린아이가 그것이다. 낙타는 사막에서 무거운 짐을 지고 아무 불만 없이 뚜벅뚜벅 걸어가는 동물이다. 인내와 순종의 대명사다. 낙타는 사회 가치와 규범을 절대적 진리로 알고 무조건 복종한다. 사자는 한 단계 진일보한다. 기존 가치에 의문을 품고 저항한다. 하지만 새로운 가치를 창조하지는 못한다. 기존 가치와 의미는 무너뜨렸지만 "왜 살아야 하는가?"라는 물음에 대한 답은 없다. 견디기 어려운 상태다. 무기력과 우울한 나날이다. 이를 극복하고 새로운 활력을 회복한 상태를 어린아이의 정신으로 부른다. 어린아이는 삶에 대해 심각하게 생각하지 않는다. 하루하루 인생을 놀이처럼 즐길 뿐이다.

심각한 질문 대신 삶을 즐기는 데 초점을 맞춰라

"인생이란 무엇인가? 왜 살아야 하는가?" 같은 질문은 던지지 않는다. 언제 이 질문을 던질까? 재미가 사라졌지만 계속 놀이를 해야 할 때 이 질문을 던진다. 인생이 그렇다. 인생을 재미난 놀이로 여기는 사람은 이따위 질문은 하지 않는다. 삶이란 놀이를 즐길 뿐이다. 삶의 의미를 자꾸 묻는 것은 그만큼 삶이 재미없기 때문이다. 삶이 무거운 짐으로 느껴졌기 때문이다. 인생의 의미에 대한 물음은 재미있게 살아갈 때 비로소 해소될 수 있다. 의미에 관한 질문은 어떤 이론적인 답을 통해서도 해결할 수 없다. 그런 물음 자체가 일어나지 않는 상태로 삶을 변화시킬 때만 해결할 수 있다. 산을 오를 때 의미를 묻는가? 그렇지 않다. 산이 좋으니까 오르는 것이다. 인생도 그렇다. 행복하기 위해서는 심각한 질문 대신 삶을 즐기는 데 초점을 맞춰야 한다.

천상병 시인은 시 「행복」에서 본능적으로 이런 기쁨을 알고 썼다. "나는 세계에서 / 제일 행복한 사나이다 / 아내가 찻집을 경영해서 / 생활의 걱정이 없고 / 대학에 다녔으니 / 배움의 부족도 없고 / 시인이니 / 명예욕도 충분하고 / 이쁜 아내니 / 여자 생각도 없고 / 아이가 없으니 / 뒤를 걱정할 필요도 없고 (…후략…)"

모든 것을 긍정적으로 보는 시각이 너무 좋다. 부인 덕분에 생활비 걱정 없는 것도 애가 없는 것도 행복이다. 막걸리 한 잔에 행복할 수 있다. 우리가 행복하지 못한 것은 세상 때문이 아니고 바로 자기 자신 때문이다. 행복의 적은 너무 많은 욕심이다.

7.

행복의 결정권은 자신에게 있다

당신은 현재 이 자리에 존재하는가? 그렇지 못하다면 이유가 뭔가? 당신은 행복한가? 행복하지 못하다면 이유가 뭔가? 언제쯤 행복해질 예정인가? 그런 날이 온다고 생각하는가?

당신은 행복의 결정권이 누구에게 있다고 생각하는가? 대통령이 당신을 불행하게 만들고 있다고 생각하는가? 그래서 앉으나 서나 정치 얘기를 하면서 시간을 보내는가? 대통령만 반성하면 행복해질 것으로 생각하는가? 만약 정말 마음에 드는 대통령이 나타나도 행복하지 않다면 그땐 어떻게 하겠는가? 혹시 당신이 불행할 수밖에 없는 또 다른 이유를 찾아 헤매지 않을까? 행복하지 않은 이유가 당신에게 있다고 생각한 적은 없는가? 아무 이유 없이 해맑게 웃는 아기들은 왜 그렇다고 생각하는가? 당신과 아기의 차이점은 무엇인가?

불행 대신 행복을 선택하면 된다

세상에는 선택할 수 있는 것과 선택할 수 없는 것이 있다. 부모와 형제는 내가 선택할 수 없다. 태어난 국가도 선택할 수 없다. 대부분은 선택할 수 있다. 배우자를 선택할 수 있고 직장을 선택할 수 있다. 그만두는 것도 선택할 수 있고 이런 식으로 계속 살 것이냐 하는 것도 선택할 수 있다. 행복할 것이냐, 불행할 것이냐도 선택의 문제다.

근데 선택할 수 있는 문제를 선택할 수 없다고 생각하는 사람들이 많다. 허구한 날 직장 욕을 하면서 10년 이상 다니는 사람이 그렇다. 그렇게 지겨우면 직장을 바꾸면 되지만 그럴 용기는 없는 것이다. 맘에 들지는 않지만 선택의 여지가 없으니까 그냥 다니기로 선택하고 대신 불평을 하는 걸로 타협했다. 현명하지 못하다. 나 같으면 군소리 없이 현실에 만족하면서 회사 일을 열심히 하겠다.

평생 남편의 무능함을 비난하는 부인도 있다. 물론 자신은 아무 일도 하지 않는다. 그녀가 한 일은 세 가지다. 무리한 융자를 받아 집을 사 엄청난 이자를 무는 것, 어렵지만 자녀를 비싼 사립학교에 보낸 것, 남편이 돈을 많이 벌게 해달라고 열심히 기도하는 것이 그것이다. 그 기도가 통할 것 같지는 않다. 나라면 헛된 소망을 품는 대신 내가 나가 일을 하겠다.

나는 직장생활이 힘들었다. 아침에 나갔다가 저녁에 들어오고 일 잘하는 사람이나 못하는 사람이나 비슷한 대접을 받는 것이 싫었다. 그래서 늘 어떻게 하면 이런 생활 대신 행복한 생활을 할지 고민했다. 유난히 자유를 갈구한 난 경제적으로 시간적으로 자유롭기를 꿈꾸었다. 어떻게 하면 그런 생활을 할 수 있을까 고민했고 여러 과정을 거쳐 지금은 그런 생활을 하고 있다.

행복은 대체로 통제하에 있다

불행해지는 데는 용기나 노력이 필요치 않다. 그냥 불평이나 하면 된다. 행복에 관한 얘기를 많이 하는 건 바람직하지 않다. 그만큼 행복하지 않기 때문이다. 행복에 관해 얘기한다고 행복해지는 건 아니다. 행복은 쉽게 얻어지지 않는다. 아무나 얻을 수 있는 것도 아니다. 남이 원하는 것이 아니라 자신이 간절히 원하는 것이 있어야 하고, 그것을 위해 노력해야 한다. 결과로 행복할 수도 있지만 과정에서 행복해질 수도 있다.

행복은 통제할 수 없는 일들의 결과로 나타난다고 생각하지만 사실은 반대다. 행복은 대체로 우리 통제하에 있다. 그것은 쟁취해야 할 일이지 기다리고 있으면 찾아오는 것이 아니다. 행복은 선택이다. 어떤 일이 벌어졌기 때문에 행복하거나 우울한 것이 아니다. 그 일을 어떻게 받아들이느냐에 따라 행복하고 불행한 것이다.

최근 6층에서 3층으로 이사를 했는데 서재 바로 앞에 나무들이 많다. 비가 올 때 나무에 부딪치는 빗소리를 생생하게 들을 수 있어 너무 행복하다. 잔잔한 음악을 들으며 차를 마시며 글을 쓰는데 그 자체로 행복이다. 행복하기 위해서는 행복을 선택하면 된다. 오랫동안 행복을 원했는데 요즘 마침내 얻은 것 같다. 하루하루가 정말 행복하다. 선택하고 노력했기 때문에 온 것 같다.

"사람은 마음먹은 만큼만 행복해질 수 있다." 링컨이 한 말이다. "재물을 스스로 만들지 않는 사람은 쓸 권리가 없듯 행복도 스스로 만들지 않는 사람은 누릴 권리가 없다." 조지 버나드 쇼의 말이다. 불행을 선택하지 말고 행복을 선택하라. 행복은 선택한 사람만이 누릴 수 있다.

8.

행복은 "와우!" 하는 감탄이다

우리는 행복하기 위해 산다. 근데 행복이란 무엇인가? 내가 생각하는 행복은 감탄하는 것이다. 최근 언제 감탄했는가? 왜 감탄했는가? 혹시 감탄한 기억이 가물가물한 건 아닌가? 난 손자 주원이를 보면서 가장 많이 감탄한다. 세상에 그렇게 예쁠 수가 없다. 주원이가 할아버지를 외치면서 집에 들어와 내게 안길 때 난 모든 걸 얻은 사람이란 생각이 든다. 주원이 덕분에 사랑을 배우고 있다.

자주 감탄하면 행복해진다

그런 주원이 입이 요즘 열리기 시작했다. 모든 말을 다 따라 한다. 뜻은 모르지만 뭐든 따라 한다. 뭔가 한 가지를 배우면 혼자서 끊임없이 반복한다. 한 번 입력되면 절대 잊어버리지 않는다. 할아버지 이름을 물으면 "근태"라고 하고 할머니 이름을 물으면 "재향"이라고 정확하지 않은 발음으로 얘기한다. 자기 의사 표현도 분명하다. "그건 싫어요. 이거 해주세요." 노래도 열심히 따라 하고 신이 나면 춤도 춘다. 좋으면 얼마나 열심히 뽀뽀하는지 모른다. 인간이 그렇게 귀여울 수 있다는 사실에 난 감탄할 수밖에 없다. 난 주원이 덕분에 자주 감탄하고 그래서 행복하다.

강의가 주업인 난 분위기에 민감하다. 어떤 분위기냐에 따라 최고의 강의를 하기도 하고 강의를 망치기도 한다. 오래전 일이지만 KBS에서 했던 「아침마당」 강의가 기억난다. 강의 시작 전 피디가 방청객들에게 감탄하는 연습을 시켰다. 박수와 함께 감탄사를 연발하게 했다. 시작 전부터 분위기를 만드는 것이다. 별 말을 하지 않았는데도 손뼉을 치고 감탄사를 하니까 나도 모르게 업이 되면서 최고의 강의를 했다. 참 신기한 일이다. 반대로 아무 반응도 감탄도 없는 강의장에서는 나도 모르게 위축되면서 말을 더듬게 된다.

근데 이는 나만의 생각은 아닌 것 같다. 최고의 바이올리니스트 장한나도 비슷한 생각을 하는 것 같다. 2009년도 9월 26일자 조선일보에 실린 그녀의 글을 일부 인용한다.

"감동은 왜 필요할까? 최근 자주 생각하는 질문 중 하나다. 감동은 내가 생각하지도 못하고 기대하지도 않았던 곳에서 찾아오는 뜻밖의 자극이다. 감동은 내가 외면할 수 없지만 동시에 논리적으로 분석할 수 없는 충격이다. 감동은 내 마음을 흔들고 지식이나 이해력과는 전혀 상관없이 나를 감격하게 한다. 진정한 감동은 굳은 마음도 녹인다. 나도 모르게 눈물이 나고 가슴이 아파져 온다.

감동은 존재와 직접적으로 연결되어 있다. 이런 감동 또는 자극을 통해 지금까지 내가 알고 있던 마음속 세상이 전부가 아니란 걸 느끼게 된다. 다른 사람들이 피땀 흘리며 눈물로 완성한 작품을 통해 마치 내게도 그런 상황이 있었고 그 상황을 극복한 것처럼 감정이 풍요로워지면서 새로운 활력을 얻는다. 사람은 감정을 느끼고 표현하는 존재다. 기분에 따라 눈물을 흘리고 소리 내어 웃는 유일한 동물이다. 21세기를 움직이는 힘은 감동이다. 기존의 나를 뛰어넘는 감동, 다른 사람과 하나 되는 감동, 물질적인 세계를 벗어나 현실보다 큰 생각을 할 수 있도록 도와주는 감동 말이다.

나는 아주 어릴 적부터 지금까지 20년이 넘도록 매일 클래식 음악과 함께 살고 있지만 아직도 음악에 배고프다. 음악을 알수록 더 신비로운 세상이 열리고 느낄수록 더 많은 것을 시도해보고 싶다."

조금만 돌아보면 감탄할 일 천지다

행복은 감탄이다. 감탄할 수 있으면 행복하고 감탄할 수 없으면 불행하다. 감탄할 수 있다는 건 살아 있다는 것이고 감탄하지 못한다는 건 죽어가고 있다는 것이다. 많은 사람이 먹고살기 힘들어 감탄하는 능력을 상실했다고 생각하지만 사실 그렇지 않다. 조금만 돌아보면 감탄할 일 천지이기 때문이다. 일상은 그 자체로 감탄이다. 저녁에 지는 붉은 노을, 구름 한 점 없는 청명한 날씨, 시장할 때 먹는 맛난 칼국수, 친구들과 함께하는 담소와 와인, 손자의 장난기 어린 눈, 독자들이 보내는 감동 어린 피드백 등등.

"이 세상에서 부족한 것은 기적이 아니라 감탄이다. 기억을 증진하는 최선의 길은 감탄하는 것이다."

『탈무드』에 나온 말이다. 인간은 자신에게 감탄하기를 잊어버렸기 때문에 불행해진다.

9.

행복을 표준감정으로 가지고 살아라

행복한 사람에겐 늘 행복한 일이 있고 우울한 사람에겐 늘 우울한 일이 있을까? 그렇지 않다. 한 사람에게는 나쁜 일만, 다른한 사람에게는 감사한 일만 일어날까? 그렇지 않다. 그게 습관으로 자리잡았기 때문이다. 정신의학 의사 박용철의 저서 『감정은 습관이다』는 제목 그대로 감정이 습관이란 주장을 한다. 사람마다 표준감정이 있는데 행복이 표준감정인 사람은 별일 없어도 행복하고 우울함이 표준감정인 사람은 별일 없어도 우울해한다는 것이다.

내가 느끼는 감정은 실제 일어난 사건과 일치하지 않는다는 것이다. 늘 우울한 사람은 사실 우울할 때가 편해서 이를 선택한다는 주장이다.

작은 즐거움을 소중하게 여기자

화려한 스타들이 우울증에 쉽게 빠지는 이유 중 하나는 감정 습관 때문이다. 그들은 무대 위에서 자극적인 극도의 쾌감을 맛본다. 팬들의 환호 속에서 정체성을 발견하고 이런 순간을 위해 최선을 다한다. 하지만 이렇게 자극적인 극도의 쾌감을 갈구하는 삶은 교감신경을 항진하고 몸과 마음에 긴장감을 유발해 이런 상태가 계속되면 감정 습관으로 굳어진다. 그러다 더 이상 스포트라이트를 받지 못하면 불안하고 우울하다. 그래서 스타들일수록 가족과의 만족감, 친한 사람과의 유대감, 작은 즐거움을 소중히 하지 않으면 불안과 우울의 함정에 쉽게 빠진다.

흔히 "스트레스받는다." "스트레스 푼다."라는 말을 자주 하는데 이것도 습관이다. 별일 아닌 것을 일부러 스트레스로 인식하고 그걸 빌미로 스트레스를 풀려고 하는 것이다. 스트레스를 자주 받는 사람은 더 쉽게 스트레스를 느낀다. 화를 자주 내는 사람은 별것 아닌 일에도 화를 낸다. 우울한 사람은 작은 일에도 쉽게 우울해한다. 사람들은 경쟁할 때와 돌발 상황일 때 스트레스를 받는다. 그래서 일단 경쟁에서 벗어나야 한다. 결과와 상관없이 과정을 즐겨야 한다. 욕심을 버리고 하루하루를 예측할 수 있어야 한다. 일정한 수면시간과 식사 시간이 결정적이다. 식사와 수면은 생리적 기본 축이기 때문이다.

행복해지는 연습을 해보자

감정이 습관이듯 대인관계도 습관이다. 늘 타인에게 상처받는 사람이 있다. 믿고 의지했던 사람에게 배신감을 느끼고 서운해한다. 왜 그럴까? 이들은 친해지기 시작하면 상대방에게 많은 걸 기대한다. 그러다 상대가 그 기준을 채워주지 못하면 서운해하고 상처를 받는다. 이런 패턴은 습관이다. 상처받을 만반의 준비가 되어 있는 것이다. 매번 나쁜 남자를 만나는 것도 습관이다. 나쁜 남자에게만 끌리는 것이다. 이런 사람은 첫눈에 반하는 걸 조심해야 한다. 그런 사람은 "왜 내겐 그런 사람들만 꼬이는지 모르겠어요."라고 말하는데 사실은 그게 아니다. 접근하는 사람은 선택할 수 없지만 주위에 누가 남을 것인가는 선택할 수 있다.

행복을 위해서는 자기감정을 잘 읽어야 한다. 근데 자기감정을 읽지 못하는 사람들이 많다. 전문용어로 감정 표현 불능증이다. 감정을 느끼지도 인식하지도 못하는 병이다. 한국 남자 중에 많이 있다. 이럴 때는 마음과 몸의 미세한 변화를 관찰해야 한다. 감정은 못 느껴도 몸에는 변화가 일어난다. 마음의 변화를 읽기 위해서는 몸에서 일어나는 변화를 잘 읽어야 한다. 몸을 관찰하는 습관을 지녀야 한다. 자주 돌아볼수록 좋은 일이 늘어난다. 행복은 밝은 표정에서 시작된다. 행복해서 웃는 게 아니라 웃어서 행복한 것이다. 여러분은 지금 어떤 표정을 짓고 있는가?

10.

매일 굿 컨디션을 유지하자

하루 중 어느 시간이 제일 행복한가? 언제 제일 힘이 드는가? 일과 중 가장 맘에 드는 부분은 언제인가? 난 밤에 자는 시간이 제일 행복하다.

푹 자고 좋은 컨디션으로 하루를 시작하자

잠이 쏟아져 침대에 눕자마자 잠이 들 때 정말 행복하다. 자면서도 잠이 너무 달다는 느낌이 들 때 정말 기쁘다. 새벽에 잠시 눈이 떠졌는데 아직 일어날 시간이 많이 남았다는 사실을 발견할 때도 흐뭇하다. 화장실을 다녀오고 물 한 잔을 마신 후 다시 깊은 잠 속에 빠져들 때 행복하다. 잠결에 아내의 숨소리를 듣는 것도, 아내의 따뜻한 몸을 안고 잠을 자는 것도 행복한 일이다. 푹 자고 일어난 후의 개운한 느낌도 사랑한다. 수정처럼 맑은 머리로 또 다른 하루를 시작하기 위해 책상에 앉는 순간도 행복하다. 돌이켜보면 어릴 때도 그랬던 거 같다. 뽀송뽀송한 이불 위에서 뒹굴다 자는 순간을 좋아했다.

반대로 제일 힘들고 고통스러운 순간은 잠이 오지 않을 때다. 잠을 자야 하는데 머리가 맑아지는 순간이다. 주변에 불면으로 고생하는 사람이 많다. 다양한 케이스가 있다. 수면제 없이는 자지 못하는 사람, 잠은 자는데 일찍 깨고 수면의 질도 별로 좋지 않은 사람도 있다. 나 역시 아주 간혹 잠을 잘 자지 못하는 날이 있는데 그런 날은 컨디션이 별로다. 내게 큰 행복 중 하나는 매일 저녁 깊은 잠을 푹 자고 좋은 컨디션으로 새로운 하루를 시작하는 것이다.

근데 깊은 숙면은 공짜가 아니다. 쉽게 얻을 수 없다. 대가를 내야 한다. 가장 중요한 건 하루를 정신적으로, 육체적으로, 관계적으로 열심히 사는 것이다. 일단 뇌를 많이 사용해야 한다. 걱정하는 건 뇌를 쓰는 게 아니다. 이는 자동차 공회전과 같다. 뭔가 하는 것 같지만 사실은 아무것도 안 하는 것이다. 수많은 텍스트를 읽는 것, 특정 주제에 대해 많은 생각을 하고 글을 쓰는 것 등이 대표적인 뇌 사용이다. 난 거의 리딩머신 수준이다. 하루에 최소한 신문 세 개는 읽는다. 정독은 아니지만 대충 읽고 관심이 가는 칼럼이나 특집기사는 꼼꼼하게 읽는다. 꽤 많은 양의 책을 읽는다. 세 군데서 책 소개를 해야 하는 직업이고 요즘 집필하는 책을 위한 책도 읽는다. 가끔은 읽기 싫은 책도 읽는다. 아니, 읽어야만 한다. 매일 새벽 네 시쯤 일어나 다섯 시간 정도는 자료를 정리하고 글을 쓴다. 이메일에 답도 한다. 내가 생각하는 글쓰기는 뇌 근육운동이다. 대부분 사람의 삶에는 이게 빠져 있다. 특히 은퇴 후에는 거의 뇌 운동을 하지 않는다.

다음은 몸을 단련하는 근육운동이다. 운동을 한 지 10년이 넘어가면서 점차 강도가 세진다. 한 번도 쉽게 운동을 한 적이 없다. 집중해서 운동하는데 그때는 다른 걸 생각할 여유가 없다. 새벽에 뜨거워진 머리가 운동하면서 식는 느낌이다. 뭔가 몸이 정리 정돈되는 느낌이다. 차를 버리고 걷는 걸로 유산소 운동을 대신한다. 서래마을 헬스장에서 교대역 정도는 걸어 다닌다. 그래 봤자 5,000보도 되지 않는다.

사람을 만나는 일도 중요하다. 사람을 만나는 일은 즐겁지만 에너지를 많이 쓴다. 다양한 독서 모임을 진행하는 것이 직업이다. 그러려면 그들의 얘기를 집중해서 듣고 거기에 대해 피드백

해야 한다. 엄청난 집중력이 필요하다. 그런 만남을 하면 난 기진맥진한다. 이렇게 에너지를 뇌, 몸, 관계에 고루 써야 한다. 그러면 수면의 질이 달라진다. 특히 센 운동을 한 날 수면의 질은 최고다. 자면서 뭉쳤던 근육이 제자리를 잡아가는 게 느껴진다. 뻐근함이 주는 기분 좋음은 설명하기 곤란하다. 경험한 사람만이 느낄 수 있다. 내가 생각하는 운동의 가장 큰 효용성은 바로 좋은 수면이다.

행복한 사람은 누우면 바로 잔다

내가 생각하는 행복은 숙면이다. 행복은 몸 상태와 밀접한 관련이 있다. 몸이 좋지 않으면 다른 게 아무리 충족되어도 행복하기 어렵다. 그래서 컨디션 조절에 많은 에너지를 써야 하는데 우선순위가 가장 높은 일은 바로 운동이다. 그냥 살살 걷는 게 아니라 센 운동을 해야 한다. 근육운동을 통해 몸을 정리 정돈하고 그걸 습관으로 해야 한다. 그 결과물이 숙면이다. 다음은 독서와 글쓰기를 통한 뇌 근육운동이다. 치열하게 뇌를 써 뇌를 피곤하게 만들어야 한다. 대인관계도 활발해야 한다. 혼자서만 시간을 보내는 대신 적절히 사람을 만나 그들과 시간을 보내야 한다.

"행복한 사람들의 공통점 중 하나는 누우면 잔다는 것이다. 수

면에 이르기까지 걸리는 시간이 짧다. 품위 있는 피로가 숙면을
제공한다. 늦게까지 술을 마시지 않는 것, 너무 늦은 시간에 야
식을 먹지 않는 것, 조명과 소음을 적절히 통제하는 것이 수면의
품질을 높인다. 20분간의 운동이 향후 12시간을 행복하게 한다.
피곤해서 운동할 수 없다고 느낄 때가 운동이 필요한 때일 수 있
다. 취미생활을 할 수 없다고 생각할 때가 취미생활을 할 때다."

행복 전도사 서울대학교 최인철 교수의 주장이다.

11.

사람은 사람을 통해 행복해진다

몇 년 전 여름 코엑스 별마당에서 신간 발표 후 공개 강연을 했다. 저녁 시간이고 너무 오픈된 곳이라 어수선했다. 불특정 다수를 상대로 한 강의라 무슨 얘기를 해야 할지 감이 잡히지 않았다. 맨 앞에는 도무지 책에는 관심이 없어 보이는 어르신 몇 분이 앉아 있었다. 강연을 들으러 온 것인지, 아니면 그냥 습관적으로 앉아 있는 것인지 감을 잡기 어려웠다.

배우려는 사람과 만남에서 배운다

그래도 시간이 되어 강연을 시작했다. 그래도 뒤쪽에는 낯익은 얼굴도 있고 눈을 반짝이며 듣는 사람들이 있어 안심됐다. 그럭저럭 강연을 끝냈는데 몇몇 사람들이 사인을 받는다며 줄을 섰고 난 성의껏 사인을 했다. 근데 어떤 분이 수줍은 표정으로 이런 말을 했다. "제가요, 자그마한 독서토론회를 운영하는데 한번 와주실 수 있나요?" 그냥 보기에도 외향적인 사람은 아니고 딴은 아주 힘들게 얘기를 꺼냈다는 걸 알 수 있었다. 나도 모르게 알겠다고 답했고 연락처를 알려줬다.

그 사람이 유지윤 씨고 닉네임이 꼬알여사다. '꼬집어 알려주는 사람'이란 뜻이다. 얼마 후 그녀가 참여하는 하이책이란 독서모임엘 갔는데 사람들 열의가 장난이 아니었다. 내 책을 몇 권씩 읽고 질문을 몇 개씩 준비했고 난 그들 질문에 답을 했다. 그날 참 많은 걸 느꼈다. 난 그동안 기업 강연만 했고 일반인 대상 강의는 거의 하지 않았다. 그래서 자주 사람들로부터 "어디 가면 강의를 들을 수 있나요?"라는 질문을 받았다. 그럼 나는 "일반인이 제 강의를 듣기는 어렵습니다. 전 주로 기업 대상으로만 강의하거든요."라고 말해왔다.

내가 생각해도 교만했다. 내가 뭐 대단한 존재라고. 근데 내 책을 읽고 온 사람들과의 대화는 질이 달랐다. 자기계발에 관심이 많고, 뭔가 인생에 변화를 주고 싶고, 내게 궁금한 게 많은 사람들이다. 그들과 얘기를 나누다 보면 내가 뭐라도 된 듯한 착각이

들었다. 그들이 뭔가 깨닫거나 문제를 해결했을 때의 빛나는 눈을 잊을 수 없었다.

난 그날 꼬알여사와 의기투합했다. 같이 독서 모임을 만들어 운영하기로 했다. 이미 그 동네에 네트워크가 있는 그녀가 사람을 모으고 주말을 이용해 독서토론을 진행했다. 처음에는 책엄세를 시작했다. '책 읽는 엄마가 세상을 바꾼다.'의 줄인 말이다. 이름은 내가 정했는데 세상의 중심은 엄마란 생각에서다. 엄마가 바뀌면 아이가 바뀌고 남편을 바꿀 수 있다. 또 요즘 엄마들은 많이 배우고 똑똑하다. 변화에 대한 욕구가 남자들보다 강하다. 그런 사람들에게 뭔가 도움을 주고 싶었다. 그러다 책사세를 만들었다. 책 읽기가 어느 수준 이상이 된 사람들을 대상으로 인문학책을 읽는 과정이다. 역사와 지리에 관한 재미있고 의미 있는 책을 내가 선정해 공부하는 모임이다.

그러다 보니 글을 쓰게 하고 싶어 글사세를 만들었다. '글 쓰는 사람이 세상을 바꾼다.'의 줄임말이다. 이 모든 모임의 중심에 꼬알여사가 있었다. 그녀는 변화에 대한 욕구가 누구보다 강했다. 오랫동안 주부로만 살다가 자기 삶을 살고 싶어했다. 그녀 주변에도 그런 사람들이 많았는데 잘 엮어서 모임을 만들었다. 책엄세 멤버들이 거의 다 글사세로 왔고 이들의 글을 읽으면서 난 감동했다. 웃기도 하고 울컥하기도 했다.

사실 꼬알여사를 비롯한 참석자들은 평생 나와는 만날 일이 없는 사람들이다. 사는 세상이 너무 다르다. 나이 차이도 많고, 성별도 다르고, 사는 동네도 다르다. 멍게와 자벌레 같은 존재다. 하지만 이들을 만나면서 큰 기쁨을 느꼈다. 내가 살아 있음을, 내가 필요한 존재가 되어감을 느낀다. 이들은 내게 무언가를 배우러 왔지만 사실은 내가 그들을 통해 더 많은 걸 배운다. 내 삶이 충만해짐을 느꼈다.

진심이 있는 만남에서 행복을 느낀다

사람은 언제 행복할까? 난 진심이 있는 만남에서 행복을 느낀다. 글사세는 글을 통해 만나는 모임이다. 이들은 글을 통해 자기 삶을 얘기했다. 남편 얘기, 아이 얘기, 무엇보다 자기 생각을 다 털어놓았다. 그냥 얼굴만 아는 모임과 마음 문을 열고 만나는 모임은 느낌이 다르다. 서로를 아는 상태에서 만나면 스파크가 튄다. 만남이 행복이란 사실은 알았지만 이 만남은 새로운 경험이다. 새로운 행복이다.

"만남은 바깥에서 이루어진다. 각자의 성을 열고 바깥으로 걸어 나오지 않는 한 진정한 만남은 이루어질 수 없다. 우리는 우리가 갇혀 있는 성벽을 뛰어넘어야 한다. 인간적인 만남의 장은 언제나 바깥에 있기 때문이다."

신영복 선생의 말이다.

12.

행복을 위한 그 무엇은 없다

수능에서 수석을 차지한 아이들 인터뷰는 천편일률적이다. "선생님 말씀 잘 듣고, 학교에서 배운 걸 복습하고, 교과서 위주로 공부했다." "학원은 거의 다니지 않았고 충분히 잤다." 등등 특별한 게 하나도 없다. 시시하고 재미없다. 뻔한 얘기만 한다. 근데 그건 거짓이 아니라 사실이다. 그만큼 특별한 것이 없다.

평범한 일상 그 자체가 행복이다

행복도 그렇지 않을까? 행복을 위해 뭔가 특별한 노하우가 필요할까? 세상에 그런 게 존재할까? 행복에 대해 모르는 사람이 있을까? 사람들이 방법을 몰라서 행복하지 않을까? 대부분 사람은 어떤 게 행복이고 어떻게 해야 행복해야 하는지 너무 잘 알고 있다. 다만 행동으로 옮기지 않을 뿐이다. 내가 생각하는 행복의 키워드는 일상이다. 일상이 행복해야 행복한 것이다.

행복을 위한 그 무엇_{something}은 존재하지 않는다. 뭔가 끝내주는 일이 있어 행복한 게 아니라 평범한 일상 그 자체가 행복이다. 끝내주는 일은 자주 일어나지 않는다. 1년에 몇 번 있을까 말까 한다. 그래서 일상이 행복하지 않으면 행복은 물 건너간 것이다. 일상이 아닌 곳에서 행복을 찾는 건 연목구어_{緣木求魚}다. 나무에서 생선을 구하는 것처럼 주소가 잘못된 것이다. 모든 것이 그러하다.

종교도 그렇다. 내가 생각하는 바람직한 종교는 일상에서 종교를 구현하는 것이다. 일상은 엉터리로 하면서 일요일에만 신성하게 지내는 건 뭔가 이상하다. 운동도 그렇다. 내가 생각하는 운동은 시간 내어 운동하는 걸 넘어선다. 일상에서 나도 모르게 운동하는 것이 진짜 운동이다. 차를 버리고 웬만한 거리를 걷는 것, 틈만 나면 스트레칭을 하는 것, 기다리는 시간에 짬짬이 몸을 움직이는 것이다.

시인들은 그런 일상의 행복을 잘 알고 있는 사람들이다. "힘들 때 마음속으로 생각할 사람이 있다는 것 / 외로울 때 혼자서 부를 노래가 있다는 것" 시인 나태주의 「행복」이란 시의 일부다. 철저하게 평범한 일상의 행복을 얘기한다. 하나도 특별할 게 없다. 누구나 집이 있고 생각할 사람이 있고 부를 노래 하나 정도는 갖고 있다. "아침에 창을 열었다 / 여보! 비가 와요 / (…중략…) 국이 싱거워요? / 밥 더 줘요? / 뭐 그런 이야기 (…후략…)" 신달자 시인의 「여보! 비가 와요」란 시의 일부다. 집에서 아내와 늘 일상적으로 주고받는 얘기다. "밥 먹었어? 오늘은 뭐 먹을까?" "여보, 오늘 추운데 따뜻하게 입고 나가요." 늘 주고받는 말들이다.

한 번도 그 말을 주고받으면서 행복하단 생각을 해본 적이 없었는데 아내가 친구들과 여행을 가고 나 혼자 남았을 때 이런 사소한 언어의 소중함을 느꼈다. 비가 와서 비가 온다고 얘기하고 싶은데 들어줄 사람이 없다. 국이 싱거운데 그 말을 나눌 사람이 없다. "오늘 뭐 해?"라고 물어보고 싶은데 옆에 아무도 없다. 행복은 일상이다. 일상에서 일어나는 아주 작고 사소한 일들이다.

일상에 영혼을 불어넣는 방법은 단순하다

어떤 스님이 진리를 가르쳐 달라면서 조주선사를 찾아왔다. 그는 뭔가 끝내주는 한마디를 기대했다. 근데 기대와 달리 조주

선사는 "밥은 먹었느냐?"라고 물었다. 그는 "예. 밥은 먹었습니다."라고 답했다. 그러자 "그럼 그릇을 씻어라."라고 말했다. 그게 전부였다. "원 참 세상에⋯⋯."란 말이 저절로 나온다. 진리는 뭔가 끝내주는 그런 것이 아니다. 만약 그런 게 있다면 그건 조작이다. 이 세상에 그런 건 존재하지 않는다. 밥을 먹는 것, 밥을 먹은 후 자기가 먹은 밥그릇을 씻는 것 그게 깨달음이다. 구체적 일상이 중요하다. 행복도 그렇다.

로빈 쉬어러의 저서 『더 이상 우울한 월요일은 없다』에 보면 일상에 영혼을 불어넣는 16가지 방법이 나오는데 아주 단순하다. 인생을 단순화하라. 이 정도면 만족하겠다는 한계를 정하라. 창조적인 사람이 되어라. 다른 사람에게 도움을 주어라. 위대한 자연을 경험하라. 건강한 신체를 유지하라. 감사한 마음으로 생활하라. 기도나 명상하라. 영감을 주는 문학작품이나 테이프를 보고 들어라. 자기계발과 성장에 도움이 되는 기회를 놓치지 말라. 가슴으로 선택하고 행동하라. 음악을 듣거나 노래를 불러라. 아니면 춤을 추어라. 고결하게 행동하라. 정기적으로 일기를 써라. 어디에 있더라도 즐긴다는 자세를 가져라. 사랑하는 사람들과 시간을 보내라.

행복하지 못한가? 불행한가? 혹시 불행한 이유를 대통령에게 돌리는 건 아닌가? 행복은 일상이다. 행복하고 싶으면 일상을 점검하는 것이 좋다. 행복은 일상이기 때문이다.

13.

그날이 그날 같지 않고 재미있다

내가 생각하는 행복의 정의는 일상에서의 의미와 재미다. 일상이 지겹고 그날이 그날 같으면 행복은 물 건너간 것이다. 난 새벽에 좋은 컨디션으로 눈이 번쩍 떠지는 것이 기쁘다. 일어나자마자 간단히 세수하고 차를 마실 때 행복하다. 따뜻한 차가 식도를 타고 뱃속으로 들어가면 온몸이 따뜻해지는데 그렇게 좋을 수 없다. 잠시 명상을 하면서 어제 있었던 일과 오늘 할 일 등을 두루 생각한다. 감사할 일도 있고, 해야 할 일도 있고, 깜빡하고 잊고 있었던 일도 떠오른다. 뭔가 정리되는 듯한 느낌이 좋다.

일상을 하나하나 음미해보자

컴퓨터를 켜고 글을 쓰기 시작한다. 글을 완성해 보낼 곳에 보내면 기분이 좋아진다. 시간이 없어 미루던 글을 쓰는 것도 좋다. 유난히 글이 잘 써질 때가 있다. 뭔가와 접속된 듯한 상태에서 일필휘지—筆揮之하는 날이 있다. '어떻게 내가 이런 글을 쓸 수 있을까? 이게 진정 내 머리에서 나왔단 말인가?'라는 생각하면서 속으로 흐뭇해할 때도 있다. 어느 순간 아내가 부엌에서 달그락거리면서 아침을 준비해 나를 부른다. 출근 준비를 하는 딸들과 함께 식사하는 일도 기쁘다.

난 아침에 내가 배웠던 새로운 단어나 사실 등을 얘기해준다. 잠이 덜 깬 딸들은 뭐라 하지만 싫어하는 눈치만은 아니다. 딸들은 출근하고 아내는 운동을 가고 난 혼자 신문을 보면서 음악을 듣는다. 신문을 다섯 개나 보기 때문에 만만치 않다. 좋은 칼럼을 보면 눈이 번쩍 뜨인다. 스크랩하기도 하고 메모하기도 한다. 지인의 승진 기사를 보면 축하 문자를 보내기도 한다.

그렇게 오전 시간을 보낸 후 헬스장에 가서 운동한다. 트레이너에게 코칭을 받기도 하고 혼자 하기도 한다. 뇌 운동을 많이 한 후 하는 힘든 운동은 묘한 쾌감을 준다. 아무 방해 없이 내 몸과 대화하는 시간이다. 요즘은 부위별 운동을 한다. 샤워를 끝내고 헬스장을 나설 때는 완전히 새로운 기분이다. 가장 행복한 시간이다. 대부분 점심 약속이 있어서 오늘 먹을 점심에 대해 기대한다. 먹는 즐거움은 무엇과도 바꿀 수 없다. 맛있는 점심을 먹으면서 좋은 사람과 즐거운 대화를 나누는 건 최고의 행복이다. 새로운 사실도 배우고, 그 사람도 이해하게 되고, 그 회사 사정에 맞는 강의를 할 수 있는 정보를 얻기도 한다.

좋아하는 일을 마음껏 한다

행복한 활동에는 세 가지 요소가 있다. 자유로움, 유능함, 좋은 관계다. 내가 좋아하는 일을 하고 싶을 때 자유롭게 할 수 있어야 한다. 그 일을 하면서 내 자신이 유능하다는 것을 느낄 수 있어야 한다. 마지막은 관계에서 온다. 난 그런 면에서 행복하다. 내가 좋아하는 일을 하고 싶을 때 마음껏 할 수 있다. 하기 싫은 일은 억만금을 준다 해도 하지 않는다. 돈이 되지 않아도 내가 하고 싶으면 한다.

난 내가 잘하는 일을 한다. 난 글을 쓰고 강연하는 일은 잘하는 편이다. 남들과 다른 방식으로 한다. 못하는 일은 하지 않는다. 운전하는 일, 서류 작업, 뭔가를 조립하고 고치는 일, 대관 업무를 좋아하지 않는다. 난 관계를 통해서도 행복을 느낀다. 만나고 싶은 사람은 만나고 만나기 싫은 사람은 만나지 않는다. 거기서 오는 행복감이 크다. 직장생활을 할 때는 그게 힘들었다. 만나고 싶은 사람을 못 만나는 괴로움만큼 만나기 싫은 사람을 만날 수밖에 없는 괴로움도 컸다.

어떤 이는 이를 동시에 충족하는 것이 여행이라고 말한다. 동의한다. 하지만 일상에서 이를 구현할 수 있으면 더 행복하지 않을까 하는 것이 내 생각이다.

14.

펄떡이는 물고기처럼 활기차게 살자

분당에 있는 모 상가는 재래시장 같다. 생선가게, 채소가게, 건어물 가게, 분식집 등등 온갖 가게로 가득 찬 이곳은 언제나 시끌벅적하다. 힘이 넘친다. 나는 이곳에 가는 걸 좋아한다. 이곳에 오면 에너지가 공급되는 것을 느낄 수 있다. 이곳 사람들은 겸손하다. 잘난 척하는 사람도 없고 설혹 잘난 척한다고 해도 그것을 바라볼 만한 여유가 없는 사람들이다.

세상에는 돈보다 귀한 것이 많다

모두 제 일에 몰입한다. 집에 가서는 세상을 원망할지 몰라도 영업시간에는 정신없이 장사한다. 웃음과 농담이 넘치고 사람

냄새가 물씬 난다. 이곳에 부부와 처제가 경영하는 분식집이 있는데 유난히 손님이 많다. 늘 웃음이 넘치는 이 집 주인을 보면 정말 세상에는 돈보다 귀한 것이 많다는 것을 느낄 수 있다. 지금은 이사하여서 자주 못 가는데 가끔 그 집 생각이 난다.

집안 어른이 갑자기 입원하는 바람에 응급실에 간 적이 있다. 완전히 다른 세상이다. 우울증으로 고생하던 부인이 갑자기 아파트에서 뛰어내려 온 사람, 항암치료를 받아오긴 했지만 며칠 전까지 차를 몰고 다니던 남편이 하룻밤 새 갑자기 아무것도 기억할 수 없게 되어 온 사람, 배가 아파 갑자기 입원하게 되었는데 집에 두고 온 아이 생각에 눈물짓는 아기 엄마, 자식이 먹는 족족 토해 새파랗게 질려 뛰어 들어온 부모 등등 그야말로 응급실 주변은 인간이 얼마나 나약한 존재인지를 보여주는 삶의 현장이다. 이곳에서 몇 시간을 보내고 바깥세상으로 나오자 세상이 달라 보인다.

아침에 눈이 떠진다는 것, 손과 발이 정상적으로 움직인다는 것, 아이들이 건강하다는 것, 나를 불러주는 곳이 있다는 것, 전철이 제시간에 오고 그것을 탈 수 있다는 것, 식욕이 있고 먹을 음식이 있다는 것 등등 이런 사소한 것들은 전혀 사소하지 않다. 새삼 삶에 대한 의욕과 기쁨이 넘쳤다.

불행과 행복을 구분하는 것은 무엇일까? 아프면 불행 건강하면 행복, 돈 많으면 행복 돈 없으면 불행, 일류학교에 다니면 행복 삼류학교에 다니면 불행, 높은 자리에 있으면 행복 천한 일을 하면 불행, 아파트값이 오르면 행복 떨어지면 불행……. 과연 그럴까? 전혀 그렇지 않다.

행복과 불행은 정해져 있지 않다. 그것은 바라보는 사람 마음에 달려 있다. 불행한 것처럼 보이는 사건에서도 행복의 씨앗을 찾는 사람이 있는가 하면, 반대로 남들 눈에는 행복해 보이지만 결코 만족하지 못하는 사람도 있다. 무엇보다 영원히 계속되는 불행이나 행복은 없다. 삶은 언제나 사인 곡선을 그린다. 세상을 살다 보면 궂은날도 있고 갠 날도 있다. 궂은날이 있어야 갠 날의 고마움을 느낄 수 있다. 갠 날만 보낸 사람은 먼지가 조금이라도 많아지면 살 수 없다. 가끔 우리에게 찾아오는 불행도 가만히 들여다보면 긍정적 측면이 있다.

삶을 조용히 관조해보는 시간을 갖자

에너지는 밖에서 오는 것이 아니다. 불행하게 보이는 일로부터도 에너지를 공급받을 수 있고 좋아 보이는 일 때문에 탈진할 수도 있다. 에너지를 찾는 방법의 하나는 삶에 대해 조용히 관조하는 것이다. 명상의 시간을 갖고 현재 자기 삶이 주는 의미를 살펴보는 것이다. 정신없어 보이는 가운데서라도 가끔은 생각을 정리하는 시간이 필요하다.

자신을 살피는 명상은 흙탕물을 가라앉히는 작업과 같다. 흙탕물이 가라앉으면 둘레의 사물을 환히 볼 수 있다. 진정한 기쁨은 '움직이지 않는 마음'에서 온다. 그것을 삼매三昧라고 부른다. 마음이 흔들리지 않으면 모든 것을 있는 그대로 볼 수 있다. 그러나 마음이 움직이면 아름다운 그림이나 풍경을 보아도 있는 그대로 볼 수 없다. 마음이 분노로 가득하면 칭찬조차도 욕으로 들리게 마련이고 맛있는 음식을 보아도 침이 넘어가질 않는다. 당신은 행복한가? 그렇지 않다면 어떻게 하면 행복할 수 있을까?

행복 수업 2

행복 스위치를 켜라

1.

다른 사람의 시선에 맞춰 살지 말자

당신은 행복한가? 남들은 당신을 행복하다고 생각하는가? 당신 행복이 중요한가, 아니면 다른 사람 시선이 중요한가? 남들 생각보다는 내가 현재의 나를 어떻게 인지하느냐의 문제다. 남들 시선을 완전히 무시할 수는 없지만 우선순위에서는 내 생각에 밀린다.

행복은 철저히 주관적 문제다

행복은 정말 그렇다. 행복과 관련해 네 가지 상황이 있다. 첫째, 나도 행복하고 다른 사람도 나를 행복하다고 생각한다. 둘째, 난 행복한데 다른 사람은 나를 불행하다고 생각한다. 셋째, 난 행복하지 않은데 다른 사람들은 날 행복한 사람으로 본다. 넷째, 나도 행복하지 않고 다른 사람들도 그렇게 생각한다.

여러분은 어디에 해당하는가? 최선은 다른 사람들도 나를 행복하다고 생각하고 나 역시 행복한 것이다. 최악은 무엇일까? 실제 불행하고 남들도 그렇게 생각하는 것이다. 그럼 두 가지가 남는다. 난 행복한데 남들은 그렇게 생각하지 않는 것과 난 불행한데 남들은 나를 행복한 사람으로 보는 것이다. 뭔가 헷갈리는 상황이다. 뭐가 뭔지 모르겠다. 뭐가 진실이고 뭐가 가짜인지 모르는 상황이다.

SNS상에는 행복한 사람으로 차고 넘친다. SNS를 볼 때마다 나 스스로 위축되고 불행한 사람처럼 생각된다. 난 허구한 날 일하느라 정신을 못 차리는데 한가롭게 인생을 즐기는 사람들이 너무 많다. 어떤 이는 직업이 해외여행처럼 보이고 어떤 사람은 맛난 것만 찾아다닌다. 매일 골프만 치는 것처럼 보이는 사람도 있다. 난 이들을 볼 때마다 의구심이 생긴다. 이 사람 직업은 해외여행인가? 아버지가 재벌인가? 이 사람은 직장이 없나? 도대체 어떤 팔자이기에 그렇게 매일 해외여행을 다니는가? 그렇게 매일 놀면 소는 누가 키우나?

무엇보다 신기한 건 왜 그런 걸 그렇게 광고하는지 모르겠다. 혼자 행복하면 됐지 왜 그렇게 자신의 일거수일투족을 사람들에게 광고하는 것일까? SNS가 나오기 전에는 어떻게 살았을까? 난 그들의 속이 허하기 때문으로 해석한다. 이들은 마치 '나 이렇게 행복한데 나 좀 부러워해주면 안 되겠니?'라고 읍소하는 것 같다. 이들은 사실 행복하지 않다. 남들 눈에 행복해 보이고 싶은 것일 뿐이란 것이 내 생각이다. 정말 행복한 사람은 그 사실을 알리는 데 별 관심이 없다.

행복한 것과 자신이 행복한 걸 알리는 건 다른 문제다. 내가 생각하는 행복은 남이 알건 모르건 가슴 깊은 곳에서 솟아오르는 충만감이다. 철저히 주관적인 문제다. 다른 사람과는 관계가 없다. 난 오히려 내 행복을 남에게 알리지 말라고 하고 싶다. 내가 행복하면 그걸로 충분하지 굳이 그걸 남에게 알릴 필요도 이유도 없다. 증명할 필요는 더더욱 없다. 뭐든 독립적인 게 좋다.

행복도 그렇다. 남으로 인해 생겨난 행복, 남에게 의존한 행복은 남으로 인해 부서질 가능성이 크다. 자꾸 자기 행복을 알리면 그 소식을 들은 사람들 기분은 어떨 것 같은가? 처음엔 그냥 듣지만 나중엔 짜증이 나면서 속으로 이런 생각을 할 것이다. '알았어. 너 행복한 것 알았으니까 그만 좀 하지 않겠니?' 자기 행복을 널리 알려 남의 동의를 구하는 건 사실 행복을 외주 주는 일과 같다.

자신의 삶을 어떻게 보는지가 중요하다

행복은 남과는 별 상관이 없다. 스스로 찾고 발견하고 실행하면 그뿐이다. 또 설명하기도 곤란하다. 가슴 깊이 차오르는 이런 충만감을 어떻게 설명할 것인가? 거기 관련해서는 첼리스트 요요마 얘기가 인상적이다. 간단히 소개한다.

"예전에는 연주가 하나 끝나면 신문 평을 일일이 오려놓았다. 마치 남의 눈에 들기 위해 연주하는 것 같았다. 하지만 어느 순간 그건 아니란 생각이 들었다. 그딴 비평에는 신경을 쓰지 않기로 했다. 내가 생각하는 음악회는 내 음악을 좋아하는 사람들을 초대하는 자리다. 그들 역시 비판하기 위해 음악회에 오지 않는다. 연주를 즐기기 위해 오고 나 역시 즐기기 위해 연주한다. 삶은 평가를 받기 위한 것이 아니다. 즐기기 위한 것이다."

행복의 방해꾼 중 하나는 관중이다. 내가 어떤 생각을 하는지, 내가 내 삶을 어떻게 보는지가 중요하지 남들 눈에 내가 어떻게 보이는지는 그렇게 중요하지 않다. 남이 칭찬하건 비난하건 나는 나일 뿐이다. 그 사실은 변하지 않는다. 그런 면에서 난 문효치 시인의 「들꽃」이란 시를 좋아한다. "누가 보거나 말거나 피네

/ 누가 보거나 말거나 지네 / 한마디 말없이 피네 지네"

2.

불행은 남의 인정을 갈구하는 것이다

GE는 회장 선정에 많은 정성과 시간을 쏟는다. 수년 전부터 회장 후보를 뽑아 추리고 추려 세 명까지 줄인 후 이들에게 기회를 주고 몇 년간 지켜본 후 그중 한 명을 선정하는 방식이다. 회장 후보에 잭 웰치가 올랐을 때 본인도 놀라고 사내에 놀라는 사람이 많았다. 적이 많았기 때문이다. 그는 화공학 박사 출신으로 빨리 승진했지만 그만큼 적이 많았다. 관료 조직에 대해 거침없이 비판하고, 아니라고 생각하면 상사 앞에서도 자기 생각을 숨기지 않고 말을 직설적으로 했기 때문이다.

근데 이 성격 때문에 전임 회장은 웰치를 후보에 올렸다. 이런 사람이 있어야 공룡 같은 관료 조직을 바꿀 수 있다고 판단한 것이다. 회장으로 선출된 후 웰치는 자신의 멘토를 찾아가 "나의 이런 성격으로는 회장 역할 하는 것이 힘들 것 같은데 어떻게 하면 좋겠습니까?"라고 물었다. 멘토는 이렇게 말했다. "생긴 대로 사세요Be yourself." 특성을 잘 살려야 성과를 낼 수 있으니 딴 사람 흉내 내지 말고 자신의 특성대로 일을 하라는 충고였다.

눈치 보지 말고 온전한 나로 살자

지인 중 남을 심하게 의식하면서 행동하는 사람이 있다. 그 사람을 보면 늘 저렇게 살면 얼마나 불편할까 하는 느낌을 받는다. 특히 말할 때 자연스럽지 않다. 의도적으로 멋지게 말하려는 것 같다. 자기 의견이 아니라 다른 사람들이 원하는 답을 말하려고 노력하는 것이 느껴진다. 걷는 것도 부자연스럽고 가만 있을 때조차도 부자연스럽다. 늘 의도적인 표정을 하고 있는 것 같다.

다른 사람을 잘 칭찬하는데 마음속에서 우러나는 게 아니라 '내가 남을 칭찬해야 다른 사람도 나를 칭찬하고 그래야 인정을 받을 수 있다.'라는 의도에서 한다는 느낌을 받는다. 보는 나도 불편하니 행동하는 그는 얼마나 불편할까? 내가 생각하는 행복의 조건 중 하나는 '생긴 대로 사는 것'이다. 지나치게 남의 눈치를 보는 대신 자신의 정체성을 드러내면서 사는 것이다.

속과 다르게 행동하면 불편하다. 돈이 없으면서 있는 척하고, 모르면서 아는 척하고, 착하지 않으면서 착한 척하고, 불편하지만 불편하지 않은 척할 때 힘이 든다. 행복하지 않다. 생긴 대로 살 때 행복하고 마음도 편하다. 그래서 늘 이런 질문을 해야 한다. 나는 어떤 사람인가? 생긴 대로 살고 있는가? 아니면 다른 사람의 장단에 놀아나고 있는가? 법정 스님도 어떻게 살고 싶으냐는 질문에 비슷한 답변을 했다.

"나는 나일 뿐이다. 나는 나이고 싶다. 다른 사람이 아니라 온전한 나로 살고 싶다." 나 또한 그렇다. 생긴 대로 살고 싶다.

자신을 바꾸지 말고 찾아가라

내가 좋아하는 소설가 박경리도 「천성」이란 시에서 다음과 같이 자신을 묘사했다. "남이 싫어하는 짓을 나는 안 했다 / 결벽증, 자존심이라고나 할까 / 내가 싫은 일도 나는 하지 않았다 / 못된 오만과 이기심이었을 것이다 / (…중략…) / 만약에 내가 / 천성을 바꾸어 / 남이 싫어하는 짓도 하고 / 내가 싫은 일도 하고 / 그랬으면 살기가 좀 편안했을까 / 아니다 그렇지는 않았을 것이다 / (…후략…)"

구본형 작가의 책에는 이런 구절이 나온다. "자신을 바꾸어 다른 사람이 된다는 것은 가장 비효과적인 방법이다. 성공의 가능성이 별로 없다. 변화의 핵심은 자신을 바꾸는 것이 아니라 진정한 자신을 찾아가는 여정이다." 화가 장욱진은 "나는 내 뜻과 같지 않게 사는 것은 질색이다. 나를 잃어버리고 남을 살아주는 셈이 되기 때문이다. 먼저 자기 마음대로 해보는 것이 중요하다. 그래야 참된 자기 것을 가질 수 있기에."라고 말했다.

남의 인정은 남의 인정일 뿐이다. 남의 인정에 목숨을 걸지 말라. 남이 나를 깎아내린다고 나 자신이 떨어지는 것도 아니다. 반대로 남이 나를 인정한다고 내가 더 괜찮은 사람이 되는 것도 아니다. 나는 나일 뿐이고 그 이상도 그 이하도 아니다. 남이 당신을 어떻게 생각하는지를 심하게 걱정한다는 것은 남의 종속물이 되는 길이다. 외부 승인이 필요하지 않을 때 비로소 당신은 자신의 주인이 될 수 있다.

"정체성은 자기다움이다. 개성이다. 자기다움과 개성이 없으면 아류가 된다. 아류의 슬픔은 항상 일류의 눈치를 보아야 한다는 것이다. 아류는 항상 흔들리고 불안하다. 깊은 자기 안정감을 느끼기 어렵다. 자기 안정감이 없으면 깊은 행복감을 못 느낀다. 정신적으로 고아와 같다."

조용헌의 주장이다.

3.

완벽이 아닌 최적을 추구하자

강의하다 보면 사람들 반응에 민감해진다. 아흔아홉 명이 열심히 듣고 한 명이 삐딱한 반응을 보이면 그 한 명 때문에 신경이 쓰인다. 기분이 나빠지고 불행해진다. 하지만 나머지 아흔아홉 명에 집중하면 행복할 수 있다. 우리 모두 그러한 삶을 산다. 뭔가 완벽하길 바라지만 그렇지 못한 현실 때문에 좌절하고 불행함을 느낀다. 완벽을 추구하기 때문에 불행한 것이다. 행복하기 위해서는 완벽 대신 최적을 추구해야 한다. 탈 벤 샤하르의 저서 『완벽의 추구』가 그런 내용을 담고 있다. 대강의 내용을 요약해본다.

목적지로 가는 과정을 소중히 여기자

완벽주의자는 목표 달성만이 중요하다. 최적주의자는 완벽주의자와 같은 야망을 갖고 있지만 목적지를 향해 가는 과정을 소중히 여긴다. 완벽주의는 병을 부른다. 완벽주의자는 실패할 때마다 인간으로서의 가치에 타격을 받고 자신에게서 잘못을 찾기 때문이다. 완벽주의자는 지나치게 가파른 비탈길을 올라가는 것처럼 도달할 수 없는 기준을 세워 성공을 불가능하게 만든다. 목표를 달성해도 바위를 밑으로 굴려버려 모든 것을 아무것도 아닌 것으로 만들어버린다.

최적주의자는 다르다. 가파르지만 노력하면 할 수 있는 현실에 근거한 목표를 세운다. 목적지에 도착하면 축하하고 기뻐하면서 성공을 받아들인다. 모든 것을 다 가진 것처럼 보이는 사람이 자살하는 사건이 종종 있다. 대부분 한 번도 실패하지 않은 완벽한 삶을 산 경우가 많다. 당연히 실패에 대해 면역력이 없다. 최적주의자가 되기 위해서는 가끔 실패해야 한다. 그 분야는 「해리 포터 시리즈」의 저자 조앤 롤링이 대표 선수다. 그녀의 하버드대학교 졸업식 축사를 보면 이를 알 수 있다.

"실패는 불필요한 것을 버릴 수 있도록 해주었습니다. 저는 자유로울 수 있었어요. 제가 두려워하던 것이 현실이 됐지만 여전히 살아 있었고 옆에는 사랑하는 딸과 오래된 타자기와 근사한 아이디어가 있었습니다. 추락한 밑바닥은 제 삶을 다시 일으켜 세우는 단단한 기반이 되었습니다. 실패는 제게 시험을 통과하는 것으로는 얻을 수 없는 자신감을 주었습니다. 자신에 대해 많은 것을 알게 해주었습니다. 그것은 실패 없이는 배울 수 없는 깨달음이었지요."

몰아붙이지 말고 휴식을 줘보자

완벽주의자는 자신을 엄청나게 몰아붙인다. 남이 몰아붙이면 도망치기라도 할 수 있지만 자신을 스스로 몰아붙이면 방법이 없다. 행복을 위해서는 그런 내게 휴식을 주어야 한다. "이만하면 됐다." "힘드니까 쉬자."라고 얘기하는 것이다. 그게 효과적인 경우가 있다. 다음 사례가 그렇다.

1960년대 호주의 데릭 클레이턴은 세계적인 마라톤 선수 중 하위권에 속하는 선수였다. 188센티미터 키에 상대적으로 불리한 폐활량을 갖고 있어 장거리 선수로 부적합했다. 하지만 누구보다 열심히 연습했다. 일주일에 250킬로미터씩 달렸다. 처음에는 효과가 있었지만 곧 한계에 부딪혔다. 세계 신기록보다 5분 이상 늦은 2시간 17분의 기록으로 경쟁이 되지 않았다. 아무리 열심히 해도 기록이 나아지지 않았다.

그러다 1967년 후쿠오카 마라톤 대회를 준비하다 다쳤다. 한 달 내내 연습을 못 하고 쉬었다. 그는 연습하는 셈 치고 대회에 출전했다. 근데 놀라운 결과가 나왔다. 자신의 개인 기록을 8분이나 단축하며 사상 최초로 10분 벽을 깨고 우승한 것이다. 그 후 1969년 앤트워프 마라톤 대회를 준비하다 또다시 다쳤다. 할 수 없이 쉬었다가 참가한 대회에서 개인 기록이자 세계 신기록을 깨고 2시간 8분 33초 만에 결승선을 통과했다. 그 기록은 이후 12년 동안 깨지지 않았다.

도대체 어떻게 된 일일까? 클레이턴은 열심히 노력할수록 더 잘할 수 있다고 믿었던 완벽주의자였다. 그러다 다치고 어쩔 수 없이 최적주의자처럼 행동하게 된 것이다. 그는 회복을 위해 마지못해 휴식을 취했다. 하지만 그 덕분에 최고의 기량을 발휘할 수 있었다. 정신적 부상은 감정의 신호로 나타난다. 무기력하거나 불안하거나 우울한 것은 휴식이 필요하단 신호다. 이런 신호를 무시하면 다친다. 쉬는 것을 미안해하지 말아야 한다.

불행은 일어난 사건 때문이 아니라 그 사건에 어떻게 반응하느냐에 달려 있다. 이를 위해서 감정을 허용하고, 상황을 재구성하고, 거리를 두고 바라볼 수 있어야 한다. 감정을 느낄 수 있어야 한다. 감정은 영혼의 표현이다. 고통의 감정을 이겨내면 전보다 더 강해진다. 고통이 주는 놀라운 선물을 알아야 한다. 지혜는 고통의 경험에서 나온다. 모든 것이 순조로우면 삶에 대해 질문하지 않는다. 힘든 상황이 닥칠 때 비로소 삶과 경험을 돌아본다.

나를 사랑해야 한다. 다른 사람에게 기대하지 않는 것은 자신에게도 기대해서는 안 된다. 다른 사람뿐만 아니라 자신에게도 동정심을 가져야 한다. 행복한 척하지 말아야 한다. 직업상 항상 미소를 지어야 하는 사람들이 우울증, 스트레스, 심혈관 질환, 고혈압에 걸릴 확률이 높다. 이런 사람은 회복을 위한 틈새 시간을 가져야 한다. 친구에게 자기감정을 얘기하거나, 일기에 생각나는 것을 쓰거나, 자기만의 방에서 혼자 시간을 보낼 수 있어야 한다. 감정을 억누르거나 가장하는 것은 자신뿐만 아니라 다른 사람도 불행하게 만든다. 행복하지 않으면서 행복한 척하는 것은 우울증을 부추긴다.

세상에서 가장 중요한 것은 행복이다. 높은 지위, 많은 재물, 명예도 행복과 연결되지 않으면 별 소용이 없다. 행복하기 위해서는 현실을 인정해야 한다. 가끔 잘못될 수도 있다는 사실을 알아야 한다. 완벽을 추구하기보다는 최적을 추구해야 한다.

4.

불행은 만족하지 못하고 불평하는 것이다

내 어릴 적 별명은 불평불만단지였다. 그렇게 불평불만이 많았다. 지금은 그렇지 않다. 불평을 해본 기억이 별로 없다. 지금도 내 주변에는 불평을 직업으로 하는 사람이 제법 있다. 불평이 거의 입신의 경지에 이른 사람도 있다. 왜 이들은 그렇게 불평하는 것일까? 그런다고 세상이 달라질까? 불평하면 본인이 가장 큰 손해를 본다. 다음은 불평을 들을 수밖에 없는 사람이다. 모두가 불행할 수밖에 없는 패-패의 구도다. 난 불평을 그만하기로 했다. 가장 영양가 없는 행동이기 때문이다.

불평은 불행으로 가는 지름길이다

불평은 불행으로 가는 지름길이다. 불평이란 무엇일까? 왜 자꾸 불평하는 것일까? 여러 이유가 있지만 그중 가장 큰 건 세상을 자기 잣대로 평가하기 때문이다. 내 맘 같지 않을 때 불평하는 것이다. 나는 이렇게 했으면 좋겠는데 그렇게 되지 않을 때 불평한다. 모든 문제 원인을 자신이 아니라 남에게서 찾을 때 불평하게 된다.

여러분은 현재 어떤 문제를 갖고 있는가? 내 잘못은 없다고 생각하는가? 그러면 문제는 영원히 해결할 가능성이 없다. 대부분 문제는 내가 만든 것이기 때문이다. 내가 원인 제공자다. 그래서 뭔가 문제가 생겼을 때 가장 먼저 할 일은 자기반성이다. 원인을 다른 사람이라고 생각하면 문제는 해결난망이다. 문제 해결을 위해서는 다른 사람을 바꿔야 하는데 그건 힘들다. 아니, 불가능하다. 진리 중 진리는 세상에 바꿀 수 있는 건 자신밖에 없다는 것이다. 자신이 문제라고 느끼면 해결은 간단하다. 나 자신을 바꾸면 된다.

나 자신을 바꾸는 일이 쉽지는 않지만 불가능하진 않다. 힘은 들지만 바꿀 수는 있다. 자신을 바꾸기 시작하면 인생이 바뀌기 시작한다. 근데 자신을 바꾼다는 건 어떤 의미일까? 시작은 생각을 바꾸는 것이다. 다음은 만나는 사람을 바꾸는 것이다. 또 시간 쓰는 것과 돈 쓰는 것도 바꾸는 것이다. 술을 마시는 대신 책을 읽고, 싸질러 다니는 대신 혼자서 공부할 수도 있다. 텔레비전을 보는 대신 운동을 할 수도 있다. 뒷담화로 시간을 보내는 대신 미래에 관해 얘기할 수도 있다.

문제를 인정해야 문제를 풀 수 있다

황인숙의 「강」이란 시를 좋아한다. 대충 이런 내용이다. "당신이 얼마나 외로운지, 얼마나 괴로운지 / 미쳐버리고 싶은지 미쳐지지 않는지 / 나한테 토로하지 말라 (…중략…) 차라리 강에 가서 말하라 / 당신이 직접 / 강에 가서 말하란 말이다 (…하략…)" 이 시를 보면서 나 자신을 반성했다.

그동안 난 징징거리며 살았다. 오랫동안 징징거렸다. 세상 모든 것이 마음에 들지 않았다. '나처럼 힘든 사람 있어? 있으면 나와 봐!'라고 맘속으로 외쳤다. '이렇게 열심히 살았는데 왜 세상은 나를 몰라주지?'라고 하면서 울분에 찬 시간을 보냈다. 그러던 어느 날 문득 그런 생각이 들었다. '세상은 내게 아무런 의무와 책임이 없어. 내가 징징댄다고 바뀌는 건 없어. 나만 바보처럼 보일 뿐이야.' 그래서 결심했다. 내 인생은 내가 책임지겠다. 내 인생을 멋지게 만들어 폼 나게 살 수 있다는 걸 보여주겠다고. 그리고 조금씩 오래전 그 꿈을 이루어가고 있다.

변화는 언제 시작될까? 내게 문제가 있다는 사실을 인지하면서 시작된다. 회사에서 인정받지 못해 분하다고? 인정을 받지 못하는 게 당신 잘못인가, 인정하지 않는 사람 잘못인가? 그 사람이 나를 사랑하지 않는다고? 난 거꾸로 당신이 사랑받을 만한 행동을 해왔는지 묻고 싶다. 문제를 인정해야 문제를 해결할 수 있다. 문제의 원인을 알아야 해결할 수 있다. 문제 원인의 반은 내가 제공했다는 사실을 인지하면 그렇게 분할 일이 없다. 복장 터질 일도 없다. 인정하는 것 자체로 마음의 평화를 얻을 수 있다. 내가 생각하는 행복이다.

5.

불행은 마음의 평화를 얻지 못하는 것이다

이상하게 마음이 불안할 때가 있다. 이유가 있는 일도 있고 별다른 이유 없이 불안할 때도 있다. 근원적 불안이다. 죽음에 대한 불안감이 그렇다. 혹시 어디 아픈 건 아닐지 하는 불안이다. 가진 것을 잃지 않을까 하는 상실에 대한 불안감도 있다. 투자한 것이 잘못되지 않을까 하는 불안감이다. 미래가 보이지 않는 것에 대한 불안감도 있다.

직장생활을 할 때는 이게 컸다. 도대체 내가 어디에 있는지, 어디를 향해 가고 있는지를 모르는 것에 대한 불안감이다. 존재에 대한 불안감도 있다. 이외에 뭔가 나와 가까운 사람들에게 안 좋은 일이 생길 것 같은 느낌, 원하는 대로 일이 잘 진행되지 않을 것 같은 감정도 나를 불안하게 한다.

사소한 불안이 많다

나 같은 서민에겐 근원적 불안보다 사소한 불안이 많다. 가장 큰 건 해야 할 일을 하지 않을 때의 불안이다. 내게 주어진 책임과 의무를 다하지 않을 때 불안하다. 대표적인 건 장남으로서, 사위로서 내 역할이다. 어머니와 장모님은 혼자 사시는데 적어도 한 달에 한 번 이상은 찾아뵙고 밥도 대접하고 용돈도 드리고 얘기도 듣는다.

근데 바쁜 일정 때문에 뵙지 못하면 불안하고 불편하다. 누가 뭐라 하는 건 아니지만 스스로 그런 상황이 불편하다. 그럴 땐 무리를 해서라도 두 분을 방문한다. 사실 가서 하는 일은 별로 없지만 다녀온 후에는 마음에 평화가 깃든다. 남들은 그런 우리 부부를 보고 효도를 한다고 하지만 냉정히 따져보면 난 효도를 한 게 아니다. 내 마음의 평화를 위해 그런 행동을 한 것뿐이다.

내가 생각하는 불안의 제1원인은 해야 할 걸 하지 않는 것이다. 시험을 앞둔 학생이 공부 대신 영화를 볼 때, 영업사원이 물건을 파는 대신 북한산에서 막걸리를 마실 때, 운동을 해야겠다고 결심만 하고 실행하지 않을 때, 몸은 편할지 모르지만 마음은 불안하다. 불안을 없애기 위해서는 뭉개는 대신 몸을 떨치고 일어나 해야 할 일을 하면 된다. 학생이라면 공부를 시작하고 영업사원은 현장에 나가 영업을 하면 된다.

할 일은 빨리빨리 해버리자

내가 불안을 없애는 방법은 해야 하는 걸 빨리빨리 해치우는 것이다. 미루지 않고 생각날 때 하는 것이다. 해야 할 게 머릿속에 있으면 개운하지 않다. 그래서 뭐든 할 건 재빨리 한다. 자동차 휘발유는 미리미리 꽉 채운다. 반쯤 있어도 채운다. 그러면 기분이 좋다. 세금이나 공과금 같은 건 받는 순간 바로 낸다. 그러면 마음이 홀가분하다. 미룬다고 깎아주는 것도 아닌데 미룰 이유가 없다.

내지 않은 세금은 계속 내 머릿속에 잔상으로 남아 있다. "내야 하는데 아깝다. 좀 기다려볼까?" 이런 생각은 아무런 도움이 되지 않는다. 세금에 대한 부담은 내는 순간 사라진다. 아깝다는 생각도 그때뿐이다. 시간이 지나고 나면 냈다는 사실조차 잊는다. 대신 얻는 게 있다. 마음의 평화가 그것이다. 그래서 가끔 언론에 나오는 고액 세금 체납자를 보면 신기한 생각이 든다. 강제로 세금을 받으러 간 사람들과 티격태격하는 걸 도저히 이해할 수 없다. 몇 년씩 세금을 내지 않고 마음이 불편하지 않은지 정말 궁금하다. 불편하지 않았다면 양심이 없는 것이고, 불편한 마음을 참았다면 인내심에 경의를 표하고 싶다.

아무리 돈이 많아도 불안하면 행복하지 않다. 근데 마음의 평화는 돈으로 살 수 없다. 마음의 평화는 그냥 오는 게 아니다. 큰 노력과 비용을 치러야 하고 그 결과물로 오는 것이다. "건강은 최상의 이익, 만족은 최상의 재산, 신뢰는 최상의 인연이다. 그러나 마음의 평안보다 행복한 것은 없다."『법구경』에 나온 말이다.

6.

내 행복을 인생에서 최우선순위에 두어라

자주 순서에 대해 생각한다. 몸과 마음 중 어느 것이 먼저일까? 내가 먼저 다른 사람에게 잘해야 할까, 아니면 남들이 먼저 내게 잘해야 할까? 몸이 먼저일까, 마음이 먼저일까? 행복은 어떨까? 내 행복이 먼저일까, 아이 행복이 먼저일까? 여러분 생각은 어떤가? 내가 먼저인가, 자식이 먼저인가, 아니면 배우자가 먼저인가?

내가 행복해야 남도 행복하게 해줄 수 있다
난 내 행복이 가장 중요하고 내 행복이 최우선이라고 생각한다. 내가 행복해야 남도 행복하게 해줄 수 있다. 내가 불행한데 어떻게 남을 행복하게 하겠는가? 뮤지컬 가수 최정원도 나와 같은 생각을 하는 것 같다. 그녀는 자신을 스스로 행복한 이기주의자라고 부른다. 그녀의 말이다. "내가 행복해야 남에게 행복을 줄 수 있다. 남편 것, 아이 것보다 내 것을 먼저 산다. 기부도 많이 한다. 근데 나를 위해 한다. 기부하는 날은 세상을 다 가진 것 같다."

요즘 엄마들을 대상으로 독서 모임과 글쓰기 모임을 하고 있는데 뜻하지 않게 그들의 속마음을 들여다볼 수 있다. 그중 김연의 님의 글은 행복의 순서에 대해 생각하게 한다. 글 일부를 소개한다.

난 아이들이 실수할 때 자주 "실수해도 괜찮다."라고 말한다. 근데 과연 그게 맞는 말인가? 실수해도 괜찮을까? 어젯밤 일이다. 혼자 두 아이를 씻기고 재워야 했다. 첫째를 씻기는 동안 둘째가 욕실 밖에서 엄마를 찾으며 울기 시작했다. 마음은 급한데 큰아이는 욕조에서 장난만 친다. 빨리 양칫물을 뱉으라고 해도 계속 물고 있다. 샤워기에 물을 튼 채 잠깐 들고 있으라고 했더니 이리저리 흔들다 내게 물을 잔뜩 뿌렸다.

졸지에 물벼락을 맞은 난 소리를 빽 질렀다. "똑바로 들고 있어야지! 엄마 다 젖었잖아!" 야단맞은 아이는 기어들어 가는 목소리로 말했다. "실수로 그런 거잖아요. 화내지 마세요." 아차 싶었다. 당연히 실수다. 아이가 일부러 그런 건 아니다. 그걸 알지만 순간적으로 화를 참지 못했다. "실수해도 괜찮아."라고 말은 했지만 정작 아이 실수에 괜찮지 않은 반응을 보인 것이다. 물론 할 말은 있다. 밖에서 아기는 울고 시간은 늦었는데 뭉그적거리고 장난치다 내 옷을 다 적셨으니 화가 날 만했다.

그런데 만약 다른 상황이었다면 어땠을까? 아기를 남편이 보고 있거나 내가 피곤하지 않았다면? 아이는 모든 맥락을 이해하지 못한다. 그저 화내는 엄마가 무섭고 싫을 뿐이다. 이와 비슷한 사건은 수두룩하다. 미처 깨닫지 못한 '괜찮지 않은 실수'들이 수없이 있을 것이다. 아이는 매 순간 엄마 반응을 보며 '실수하면 안 되는구나. 다른 사람이 실수했을 때는 화를 내도 되는구나. 실수는 나쁜 거구나.'라고 배웠을지 모른다.

자녀 교육 그림책 『너 왜 울어?』에 보면 한 꼬마와 엄마가 나온다. "빨리 신발 안 신으면 나가서 못 놀 줄 알아. 그렇게 말 안 들으면 빵 안 사줄 거야. 조심 좀 해. 병원 가고 싶어? 넌 진짜 왜 그러니?" 하루 종일 이런 말을 들은 아이는 점점 표정이 어두워지더니 급기야 울음을 터뜨린다. 우는 아이에게 엄마가 말한다. "네가 놀고 싶다고 해서 밖에 나가서 놀고 빵도 사줬는데 웃어야지. 왜 울어?"

이 책은 엄마의 긍정적 언어에 대한 가르침을 주는 책이다. "빨리 안 하면 못 놀아." 대신 "빨리하고 놀자."로 바꾸라는 것이다. 물론 맞는 말이다. 그러나 그 전에 엄마 마음에 좀 더 초점을 두고 싶다. 할 일도 많고 날씨도 안 좋은데 밖에 나가야 하니 짜증이 난 엄마, 이미 너무 지치고 피곤한 엄마, 아이의 요구사항을 기쁘게 들어줄 마음의 여유가 없는 엄마다. 여유가 없는 사람은 남의 실수는 물론 자기 자신에게도 너그럽지 못하다. 피곤하고 힘들어도 잘해야 한다는 압박에 시달리는 것이다.

마음이 안 좋은데 말이 좋게 나올 수는 없다. 설사 노력해서 가능하다 해도 그것은 가식적인 표현일 뿐이다. "괜찮다."라는 말과는 달리 힘들고 짜증 섞인 마음은 목소리와 표정에 고스란히 녹아 있다. 지치고 피곤한 상태에서 긍정적이고 에너지 넘치는 격려와 칭찬은 불가능하다. 차라리 피곤하면 피곤하다고 이야기하자. 엄마가 지금 너무 힘드니 나가서 놀기 어렵다고 말하자. 나름 노력했음에도 나도 모르게 욱했다면 나중에라도 반드시 사과하자. 엄마가 너무 힘들어서 그랬노라고, 너를 미워해서 그런 게 아니라고 말이다.

행복은 노력하는 사람에게 오는 선물이다

여러분들은 이 글을 읽으면서 무엇을 느꼈는가? 내가 힘들고 피곤하면 그렇게 예쁜 아이들에게도 소리를 지를 수밖에 없다. 의식적으로 곱게 말해도 표정에 모든 게 묻어난다는 것이다. 행복의 가장 중요한 원칙은 내가 먼저 행복해야 한다는 것이다. 내가 힘들고 피곤한데 행복한 척하는 것, 남을 행복하게 하는 건 말이 되지 않는다. 여러분은 어떤가?

행복의 전도사를 자칭하는 사람들이 주변에 제법 있다. 근데 그들 중 행복과는 어울리지 않는 사람들이 많다. 행복하지 않은 사람일수록 행복에 관한 얘기를 많이 한다. 불통인 사람이 소통의 중요성을 강조하는 것과 같은 이치다. 행복하지 않기 때문에 행복에 대한 욕구가 더 강한 것이다. 국민을 행복하게 해주겠다는 대통령을 봐도 그렇다. 아무리 뜯어봐도 행복해 보이지 않는다. 자신이 행복하지 않은데 어떻게 국민을 행복하게 해주겠다는 건지 도대체 알 수가 없다.

행복은 아무에게나 오지 않는다. 행복은 행복을 선택하고 노력하는 사람에게만 오는 선물이다. 행복하게 사는 건 돈을 잘 벌고 공부를 잘하는 것보다 훨씬 힘들다. 남을 행복하게 할 생각은 하지 않는 게 좋다. 불행하게만 만들지 않아도 된다. 남을 행복하게 하려고 하지 말고 그 에너지를 본인 행복에 쏟아라. 일단 본인부터 행복하라.

7.

불행과 결혼 사이에는 별 상관이 없다

요즘 결혼하지 않는 젊은이가 많다. 그중 많은 이유는 "자기 부모가 사는 걸 보니 행복하지 않아서."라고 한다. 저렇게 살 바에는 차라리 혼자 사는 게 낫다고 생각하는 것이다. 그럼에도 나이 든 사람들 대부분은 습관적으로 결혼은 꼭 해야 하는 걸로 가정하고 자꾸 자식들에게 결혼을 강요한다. 참 허무하고 쓸데없는 행동이다.

그들은 무슨 근거로 이들에게 결혼을 강요할까? 결혼이 정말 꼭 해야 하는 필수사항일까? 그런다고 결혼할 마음이 없는 젊은 이들이 마음을 고쳐먹을까? 난 차라리 결혼과 행복이란 주제로 얘기를 나눌 걸 권한다. 그래서 결혼이 행복에 도움이 되면 하고,

그렇지 않다는 판단이 서면 하지 말라고 하고 싶다.

나이에 밀려 하는 결혼은 안 하느니만 못하다

결혼과 행복 사이에 어떤 상관관계가 있을까? 결혼하면 행복하고 혼자 살면 불행할까? 아니면 결혼은 불행으로 가는 지름길일까? 누군가로부터 이런 얘기를 들은 적이 있다.

"결혼한 사람이 독신이나 이혼한 사람보다 행복할 가능성이 높다. 행복한 사람이 불행한 사람보다 결혼할 확률이 높기 때문이다. 결혼으로 인해 행복해진 게 아니라 태생적으로 행복한 사람이 결혼 확률이 높다는 것이다. 행복한 사람이 결혼 확률이 높고, 사랑하는 사람과 함께하니 그 행복이 배가 된다."

이 주장에 대한 여러분 생각은 어떤가? 난 별로 동의하지 않는다. 행복한 사람이 결혼할 확률이 높은 건 사실이지만 그런 사람보다는 다른 케이스가 많다. 결혼에 대해 별생각이 없는데 여러 이유로 결혼하는 것이다. 대표적인 것이 나이에 밀려 하는 결혼이다. 남들이 다 하니까 나도 따라 하는 결혼이다. 상대가 하자고 조르니까 하는 결혼이다. 좋은 건지 알고 호기심에 한 번 하는 결혼도 있다. 한마디로 긴가민가하면서 결혼하는 사람들이 많다. 결혼의 결과는 어떨까? 결혼한 사람은 다 행복할까? 강의 때 자주 물어보는데 반 이상은 결혼으로 인해 행복한 사람보다는 불행한 사람이 많은 것 같다.

그렇다면 싱글은 어떨까? 싱글로 살면 행복할까? 싱글은 불행할까? 힘들게 사는 사람들도 많지만 그 이상으로 행복하게 사는 사람들도 많다. 싱글로 행복하기 위해서는 전제조건이 있다. 확실한 직업이 있거나 경제적으로 자유로워야 한다. 그게 없으면 싱글은 죽음이다. 싱글은 자유롭다. 걸리적거리는 사람이 없다. 하고 싶은 일을 하면서 놀러 가고 싶을 때 놀러 가고 맘대로 살 수 있다.

더 이상 배우자를 사랑하지 않는 게 최악이다

문제는 주변 사람들이 이들을 가만 놔두지 않는다는 것이다. 본인은 괜찮은데 쓸데없이 간섭한다. "이러다 늙으면 어떻게 할 거냐?" "자식도 없는데 아프면 누가 봐줄 거냐?" "나이 들수록 배우자가 있어야 한다." 등등. 난 이런 이들에게 배우자가 있을 때의 위험에 대해 말하며 간섭하고 싶은 충동을 느낀다. "너 그러다 남편이 아프면 어떻게 하나?" "수발을 들 수 있겠느냐?" "자식이 사고를 치면 어떻게 하느냐? 뒷감당을 할 수 있겠느냐?" 등등. 리스크는 결혼 유무와 상관없다. 누구나 피할 수 없다. 결혼

한다고 줄어드는 것도 아니고 결혼 안 한다고 늘어나는 것도 아니다.

결혼과 불행 사이에는 별 상관이 없다는 게 내 주장이다. 그건 함수의 관계가 아니라 개별 변수다. 결혼도 결혼 나름, 싱글도 싱글 나름이다. 결혼과 행복의 상관관계를 묻는 건 아들이 좋은지, 딸이 좋은지를 묻는 것만큼이나 쓸데없는 짓이다. 아들도 아들 나름이고, 딸도 딸 나름이다. 아들 중에도 정말 상냥하고 부모에게 지극정성으로 하는 아들이 있다. 딸 중에도 남만 못한 무뚝뚝하고 나 몰라라 하는 딸도 지천이다. 결혼도 결혼 나름이다. 수천만 가지 경우의 수가 있다. 결혼과 행복의 관계를 묻는 질문은 질문 자체가 틀렸다. 난 대신 지금 사랑하는 사람이 있는지, 사랑하는 대상이 얼마나 되는지, 당신을 사랑하는 사람은 있는지, 얼마나 많은 사람과 그런 감정을 느끼고 지내는지 묻고 싶다. 당신이 죽었을 때 당신을 위해 울어줄 사람이 있는지 묻고 싶다.

결혼과 행복의 함수를 위해서는 몇 가지 경우의 수를 그릴 수 있다. 최선은 사랑하는 사람과 결혼해 계속 배우자를 사랑하면서 사는 것이다. 거기에 자식이 있고 자식과 좋은 관계를 유지하면 금상첨화다. 최악은 사랑해서 결혼했지만 더 이상 배우자를 사랑하지 않는 것이다. 사랑은 차치하고 배우자를 경멸하거나 미워하는 경우도 제법 있다. 하지만 여러 이유로 계속 살거나 살 수밖에 없다. 사랑하는 사람과 사는 건 축복이지만 미워하는데 할 수 없이 같이 사는 건 그 자체로 지옥이다. 결혼은 천국도 될 수 있고 지옥도 될 수 있다. 결혼과 행복의 상관관계를 함부로 말할 수 없는 이유다. 현재 여러분의 상태는 어떤가?

8.

경제적 성장만을 목표로 경쟁하지 마라

사람들의 최대 관심사는 무얼까? 국가와 기업의 관심사는 무얼까? 아마 성장일 것이다. 경제만 잘된다면 만사형통일 것으로 생각한다. 하지만 과연 그럴까? 전혀 그렇지 않다. 국민총생산보다 중요한 것은 국민총행복 지수다. 오늘은 그런 것에 관한 책 『행복의 경제학』을 소개한다. 저자는 슬로 라이프의 주창자인 쓰지 신이치다. 재일교포로 한국 이름은 이규다.

총생산이 늘어난다고 행복이 늘지 않는다

일본은 경제적으로 풍요로웠다. 1958년에 비해 1991년은 국내총생산GDP 측면에서 무려 6배 성장했다. 하지만 만족도는 거의 변하지 않았다. 이후에도 같은 결과다. 1984년 설문조사를 보면 조사자 중 '만족한다.'가 13.7%, '그럭저럭 만족한다.'가 50.5%였다. 2005년에는 '만족한다.'가 3.6%, '그럭저럭 만족한다.'가 35.8%였다. 2006년 전 세계 80만 명을 대상으로 벌인 행복도 조사에서 일본은 178개국 중 90위였다. 우리는 103위다. 경제 측면에서는 10위를 오르내리는 우리나라가 만족도 측면에선 죽지 못해 산다는 것이 이상하다.

하지만 당연하다. 개발이나 발전을 나타내는 지표가 잘못되어 있기 때문이다. 벌채 때문에 삼림이 사라질 때마다 국민총생산 GNP이 상승한다. 마음의 병으로 치료를 받고 약을 처방받을 때마다 국민총생산이 증가한다. 부를 측정하는 국민총생산이라는 척도 속에는 사회에 해가 되는 것, 자연에 해가 되는 것, 사람의 불행마저 모두 돈으로 환산되어 있다. 교통사고가 날수록 전쟁이 자주 일어날수록 늘어난다. 그래서 총생산이 는다는 것과 행복과는 별 상관이 없다. 아니, 오히려 불행해질 수 있다.

시간에 관한 생각도 문제다. "바쁘시죠?"라는 말은 요즘 가장 많이 쓰는 인사말이다. 바쁘지 않은 것은 곧 무능함으로 인식되기도 한다. 우리는 돈을 위해 시간을 버리고 있다. 행복을 위해서는 바쁜 것과 이별해야 한다. 바쁘면 관계가 무너진다. 어떤 관계에도 수고와 시간이 들기 때문이다. 우리가 느끼는 행복의 대부분은 좋은 관계에서 생겨난다. 관계를 위해서는 느리게 살아야 한다. 사랑하는 상대를 위해 많은 시간을 써야 한다. 슬로라이프란 사랑하기 위한 시간을 되찾자는 운동이다. 돈이 많은 것보다 충분한 시간을 갖는 것이 진정한 부자다.

성장 대신 후퇴를 생각할 수 있어야 한다

위만 보는 대신 아래를 볼 수 있어야 한다. 성장 대신 후퇴를 생각할 수 있어야 한다. 홋카이도에는 지적장애자 공동체인 '베델의 집'이 있다. 이들이 추구하는 것이 재미있다. 열심히 하지 않기, 중간에 그만둘 줄 아는 미덕, 자기 약점 드러내기, 편견과 차별 대환영, 안심하고 절망할 수 있는 인생 등등. 한마디로 통념과 반대다. 작업장에서는 '약점을 기반으로 서로 도우며 안심하고 농땡이 칠 수 있는 직장 만들기'를 추구한 결과 슬로 비즈니스가 생겨났다.

슬로 비즈니스는 최근 트렌드가 되어 히트를 치고 있다. 이들은 즐겁게 일하며 대화에 참여한다. 아무리 보아도 장애가 있는 불행한 사람의 모습은 아니다. 이곳을 설립한 무카이야치 이쿠요시의 말이다.

"예전에는 부유한 사람들은 행복하고 가난한 사람들은 불행하다고 생각했다. 마음의 병은 주로 가난과 힘듦 속에서 나타난다고 생각했다. 그런 상식이 무너지고 있다. 오히려 부유한 사람들이 더 큰 고통을 호소하고 있다. 문제는 부자나 가난한 사람들이 아니다. 모든 사람이 풍요를 목표로 경쟁하면서 끝을 알 수 없는 계단을 올라가지 않으면 안 되는 삶을 살아야 한다는 것이다."

베델의 집 사람들은 자기 병을 소중하게 생각한다. 그 병 덕분에 상승 지향 사회에서 벗어날 수 있게 되었다고 생각하기 때문이다. "저희는 하강 지향의 프로들입니다. '상승하는 인생에서 하강하는 인생으로'라는 말은 베델의 집의 이념입니다."

풍요가 행복을 준다는 착각에서 빠져나와야 한다. "가난한 것이 문제가 아니라 풍요로운 것이 문제다." 간디의 말이다. 세계 인구 1%가 전체 부의 40%를, 2%가 전체의 반 이상을 차지한다. 빈곤층의 절반은 전 세계 총생산량의 1%만 갖고 있을 뿐이다.

"빈곤을 낳는 것은 자연을 자원으로, 착취의 대상으로만 보는 세계관 때문이다. 이런 세계관은 인간의 무한한 욕망을 방패로 자연을 언제나 충분하고 불완전한 존재로 여긴다. 이를 보완하고 메우기 위한 수단으로 과학을 동원해 온갖 기술을 낳는다. 하지만 현실적으로 기술은 환경과 생태를 파괴하고 사람들에게 한

층 심각한 빈곤을 안겨주었다."

인도의 환경운동가 반다나 시바의 말이다. 실제 그렇다. 바다는 수백 년간 어민들에게 충분한 양식을 제공했다. 하지만 새로운 기술(거대한 그물을 가진 하이테크 트롤선)이 나타나 해저를 뿌리째 헤집고 해양의 생명 사이클을 파괴한 결과 지금 전 세계 어업의 90%가 붕괴 직전이다. 빈곤으로부터 구해줄 줄 알았던 기술이 어업을 붕괴시키고 있다.

헨리 데이비드 소로는 행복이 무엇이냐는 질문에 "간소, 자립, 관대, 신뢰"라는 네 단어로 답했다. 행복은 자신이 혼자라는 사실과 또 혼자가 아니라는 사실 사이의 균형 감각이며, 행복해지기 위해서는 자신과 세상과의 균형을 잘 잡아야 한다는 것이다. 그동안 우리는 풍요를 얻기 위해 세 가지를 희생했다. 땅, 영혼, 사회가 그것이다. 해결 방법은 역순이다. 지구와 이어지는 것, 자신과 이어지는 것, 사람들과 이어지는 것이 행복의 원천이다.

행복 수업 3

행복이 찾아오게 하라

1.

소중한 것들에 감사하라

수년 전 여름 가족들과 하와이로 여행을 갔다. 마우이섬에서 이틀을 놀고 호놀룰루로 오는 날이었다. 그날은 이상하게 일이 꼬였다. 점심을 먹고 나와 보니 유료 주차장에 세워놓았던 렌터 카에 불법주차를 했다고 딱지를 붙여놓았다. 아마 앞 유리창에 놓은 돈 낸 영수증을 주차요원이 못 본 것 같았다. 그 문제로 이 리저리 뛰어다녔다.

보통의 날들이 사실은 천국이다

차를 타고 한참 가다 식당에 내 배낭을 두고 온 사실을 알아 차려 다시 차를 돌려 배낭을 찾았다. 여기저기 구경을 하다 이른 저녁을 먹고 공항을 오는데 내비게이터가 길을 찾지 못해 몇 번을 헤맸다. 간신히 공항을 찾아 렌터카를 반납하는데 문제가 생겼다. 가족들은 먼저 내리고 내가 나머지 짐을 찾아 가족들 쪽으로 갔는데 아내가 배낭이 어디 있냐고 물었다. 그 안에 모든 여권이 들어 있었다. 다시 렌터카로 뛰어갔지만 보이지 않았다. 순간 머릿속이 하얘졌다. 어디에 두었을까? 식당에 두었나? 공원에서 도둑을 맞았나? 상상이 되지 않았다.

큰애는 식당에 전화하고 나와 아내는 이리저리 뛰었다. 도저히 알 수 없는 일이었다. 다시 식당을 가려 해도 차가 없었다. 렌터카를 다시 빌리려 하자 수속을 다시 밟으라고 했다. 택시도 없었다. 방법이 없었다. 여권이 없으면 비행기를 탈 수도 없다. 이 비행기를 놓치면 어디서 자야 할지 막막했다. 그때 셔틀버스 기사가 무슨 일인지 물었고 난 자초지종을 얘기했다. 그렇게 20분쯤 지났다. 지옥이 따로 없었다. 진땀이 흐르고 입안이 바짝바짝 말랐다. 바쁜 와중에 생수를 사서 들이켰다. 나 자신이 미웠다. 흘리다 흘리다 못해 이젠 가족 여권을 몽땅 잃어버렸으니 이 일을 어떻게 할 것이냐?

아내는 나보고 침착하라고 했지만 어떻게 침착할 수 있는가. 그때 중년의 미국인 한 사람이 내 배낭을 들고 나타나 이 배낭의 주인이냐고 물었다. 이렇게 반가울 수가! 돌아가신 아버님이 살아오신 것 같았다. 어디서 찾았느냐고 묻자 렌터카에 있는 걸 발견했단다. 난 도저히 믿을 수 없었다. 작은 지갑도 아니고 그렇게 큰 배낭을 어떻게 못 본 것일까? 분명 눈에 뭔가가 씌운 것이다. 덕분에 무사히 제시간에 비행기를 탈 수 있었다. 아무 일 없이 제시간에 비행기를 타고 목적지에 갈 수 있다는 사실이 그렇게 행복할 수 없었다.

하지만 난 그 일로 완전히 신뢰를 잃었다. 여권도 빼앗기고 지갑도 빼앗기고 모든 권한을 박탈당했다. 그저 짐이나 들고 가족들 뒤를 쫓는 것이 내 임무가 됐다. 그래도 상관없었다. 그래도 싸다고 생각했기 때문이다. 잠깐 난 지옥을 다녀왔는데 비행기를 타고 보니 여기가 천국이란 생각뿐이었다. 달라진 건 아무것도 없는데도.

현재 가진 것에 만족하고 감사하자

행복이란 무엇일까? 행복은 내가 현재 가진 것에 만족하고 감사하는 것이다. 근데 그게 쉽지 않다. 익숙하고 당연하게 생각해 감사하는 마음이 사라졌기 때문이다. 이 사건을 통해 난 감사하는 마음을 되살리는 방법을 깨달았다. 감사하기 위해서는 가끔 소중한 걸 잃어버리는 것이다. 그게 싫으면 가상으로 시뮬레이션을 해보는 것이다.

물론 나처럼 배낭을 잃으라는 얘긴 아니다. 상황이 바뀔 때 거기에서 교훈을 얻으라는 것이다. 전주대학교 최동주 교수는 영국에서 1년간 안식년을 가졌다. 한 번도 아내와 떨어져본 경험이 없었던 그분은 아내의 부재를 통해 아내가 얼마나 소중한 존재인지를 절감한 것 같다. 그 내용을 페이스북에 올렸는데 사연이 절절하다.

"삶이 권태롭고 따분한가? 의욕이 떨어지고 매사에 짜증이 나는가? 결혼생활에 살짝 회의가 들고 자유로워지고 싶은가? 왠지 집에 들어가기 싫고 밖에서 방황하게 되는가? 그렇다면 37일간 아내와 떨어져 있어 보라. 그것도 아주 멀리, 말도 안 통하고 얼굴도 다르고 아는 사람도 없는 나라에서. 아내의 밥상이 마음에 안 드는가? 맨날 그 나물에 그 밥이라고 생각하는가? 밥상만 보면 불만이 절로 나오는가? 그렇다면 37일간 떨어져 지내보라. 김치 없는 나라, 찌개 없는 나라에서 혼자서 쌀 사다가 밥하고, 반찬하고, 설거지하고, 냉장고 정리를 손수 하시라. (…중략…)

아내가 집 안에서 하는 일이 맘에 안 드는가? 하는 일이 뭐가 있느냐고 따지고 싶은가? 그렇다면 직접 살림을 한번 해보시라.

아침부터 잘 때까지 삼시 세끼 밥하고 애 키우고, 청소하고, 시장 보고, 은행 가고⋯⋯. 똑같은 일을 매일 반복하면서 직접 해보시라. (⋯중략⋯) 지난 사반세기 동안 나는 그야말로 황태자 같은 삶을 살았다. 가정에서 일어나는 일은 아무것도 모르고, 직장 나가서 일하고 돈벌이하는 것으로 위세를 떨면서 진짜 소중하고 필요한 것이 무언지 몰랐다.

이제야 절실하게 느껴지는 밥 한 공기, 찌개 한 그릇, 냉장고에서 언제나 먹던 물 한 잔, 아무 때나 먹었던 과일, 툭툭 던져 놓았던 물컵, 화장실의 비누, 휴지, 샴푸, 정리된 숟가락과 젓가락, 세탁된 옷가지, 바뀐 침대 시트, 단정한 집 안, 창가의 화분, 그것이 모두 아내의 손길인 것을 미처 몰랐다. 사람의 손길이 이렇게 중요한 것인데 그 빈자리의 중요성을 몰랐다."

아내가 돌아온 후 사진을 찍어 페이스북에 올렸는데 그렇게 행복해 보일 수 없다. 사실 달라진 건 아무것도 없다. 아내의 부재를 통해 아내의 소중함을 깨달았다는 사실만이 다를 뿐이다.

머리로는 다 알고 있다. 모르는 것이 없다. '가족이 중요하다.' '건강이 소중하다.' '직업에서 최선을 다해야 한다.' 등등. 하지만 이렇게 아는 것은 관념적이다. 실제 아는 것이 아니다. 안다는 것의 정의는 실천이다. 말로만 소중하다고 하는 건 짜증이 나는 일이다. 입에 발린 소리다. 뭔가의 소중함을 알기 위해서는 그것을 잃어봐야 한다.

잃기 전에는 잃는다는 것이 뭔지 알 수 없기 때문이다. 단 20분간의 경험에서 난 여권의 소중함을 뼈저리게 느꼈다. 세상에서 가장 소중한 것은 지금이며 가장 잃기 쉬운 것도 지금이다. 행복이란 현재 내가 가진 시간, 내가 가진 건강, 내가 가진 가족에게 늘 감사하며 사는 것이다.

2.

행복하기 위해서 감사하라

김 교수는 일류대학교를 나와 미국에서 일찌감치 공학박사를 하고 명문대학교에서 교수 생활을 하는 잘나가는 엘리트다. 어디 내놔도 뒤처지지 않는다. 인물도 준수하고 성격도 좋고 나무랄 데가 없다. 연구 활동도 활발하여 방학 때면 혼자 혹은 가족과 함께 해외 여기저기 안 가는 곳이 없다. 하지만 김 교수의 어머니는 늘 며느리에게 미안해한다. 제 아들처럼 별 볼 일 없는 애와 잘 살아주니 얼마나 고마운지 모르겠다는 것이다. 그 부인은 시어머니와 무척 사이가 좋다. 늘 미안해하고 겸손하셔서 무리한 요구를 안 하실 테니 갈등의 뿌리가 아예 없는 셈이다.

하지만 반대의 경우를 훨씬 자주 본다. 평범한 아들이지만 어머니 눈에는 천하에 둘도 없는 아들이다. 누구에게나 자식은 귀하지만 그 어머니는 도가 지나치다. 자기 아들은 귀하디귀한 아들이고 며느리는 별 볼 일 없는 사람이란 생각이 머릿속에 가득하다. 그 어머니는 늘 며느리에게 그 점을 강조한다. "너는 시집 잘 온 거다. 내가 어떻게 키운 아들인지 아느냐?" 그런 패러다임을 갖고 며느리에게 며느리로서의 의무감과 책임감만을 강조하고 이를 일깨운다. 감사함이나 겸손함은 약에 쓰려고 해도 없다. 따라서 이 집은 늘 시어머니와 며느리 사이에 긴장감이 흐른다.

문제해결과 행복과는 관계없다

우리는 수많은 이유로 불행하다. 가난한 사람은 돈이 없어서, 부자는 위궤양을 앓아서, 결혼 못 한 노처녀는 결혼하지 못해서, 승진하지 못한 사람은 승진하지 못해서, 직장이 없는 사람은 직장이 없어서 등등. 그렇다면 문제만 해결되면 행복할까? 그럴 것 같지 않다. 사실 문제해결과 행복과는 별 관계가 없다. 잠시는 행복할 수 있지만 바로 원위치로 돌아간다. 문제해결은 그저 문제해결일 뿐이다.

서울대학교만 들어가면 행복할 줄 알았다. 예쁜 여자들이 줄을 설 줄 알았다. 그런 일은 일어나지 않았다. 잠시 행복했지만 이내 원위치하였다. 다음은 군대다. 군대만 제대하면 뭔가 풀릴 줄 알았다. 그 역시 마찬가지였다. 취직만 되면, 박사학위만 받으면, 결혼만 하면, 예쁜 아이만 생기면, 집만 사게 되면 행복할 걸로 생각했다. 하나하나 다 해봤는데 그런 일은 일어나지 않았다. 아니, 더 나빠지는 것 같았다. 뭔가 하는 것과 행복과는 아무 상관이 없는 것 같았다.

나이가 드는 것이 불행의 문으로 들어가는 것이란 생각까지 들었다. 어느 순간 난 행복과는 별 상관이 없는 것 같았다. 뭔가 해낸 건 그때뿐이었다. 시간이 지나면 다 거기서 거기였다. 늘 원위치로 돌아갔다. 어느 순간 행복은 그런 물성이 아니라 다른 물성이란 깨달음이 왔다. 삶은 누구에게나 비슷비슷하다. 어떤 사람에게는 행복한 일만 일어나고 다른 사람에게는 불행한 일만 일어나는 건 아니다. 과정은 다 거기서 거기다. 세상에 문제가 없는 삶은 존재하지 않는다.

감사가 빠진 행복은 존재하지 않는다

행복은 감사다. 감사가 빠진 행복은 존재하지 않는다. 행복의 조건에서 가장 중요한 걸 하나만 꼽으라고 하면 난 감사를 꼽는다. 감사함과 거기서 연유되는 겸손함은 행복의 첫걸음이다. 일어나는 일을 감사한 일과 감사하지 않은 일로 나누기는 불가능하다. 감사함이란 개인에게 일어나는 일의 문제가 아니다. 그것은 일어나는 일을 어떻게 받아들이고 생각하고 또 거기에 반응하느냐의 문제다.

감사할 줄 아는 사람은 기뻐할 줄 안다. 작은 것 하나라도 감사할 줄 아는 사람은 작고 하찮은 것에도 기뻐할 줄 안다. 감사함이란 결국 시각의 문제다. 습관의 문제다. 늘 사소한 일에 감사한 생각을 하다 보면 감사함이 몸에 밴다. 그런 사람에게는 모든 일이 감사하게 느껴진다. 남들 눈에 불행한 일조차 그들은 감사한다.

감사함을 모르는 건 치명적 질병이다. 이런 사람은 늘 세상을 원망한다. 자신이 갖고 있는 것은 보지 못하고, 못 가진 것을 더 갖기 위해 애쓴다. 세상에서 가장 가난한 사람이기도 하다. 행복을 위해서는 감사 습관이 필수적이다. 사소한 일에 감사하면 별거 아닌 일에도 행복할 수 있고 그게 안 되면 로또에 당첨되어도 행복하지 못다. 세상을 둘러보면 감사할 일 천지다. 정시에 도착하는 지하철, 아무 탈 없이 자라주는 아이들, 때마다 먹을 수 있는 식사, 나를 찾아주는 고객들, 건강한 나의 육체와 정신, 밤에도 다닐 수 있는 안전한 거리 등등. 우리는 잃기 전에는 감사할 줄 모른다.

"감옥과 수도원의 공통점은 세상과 고립되어 있다는 점이다. 그러나 차이가 있다면 불평하느냐, 감사를 하느냐 그 차이뿐이다. 감옥이라도 감사를 하면 수도원이 될 수 있고 수도원이라도 감사를 할 줄 모르면 감옥이 되는 것이다."

일본에서 경영의 신으로 추앙받는 마쓰시타 고노스케의 얘기다. 범사에 감사하라.

3.

이미 갖고 있는 것을 즐겨라

무언가를 잃었을 때, 일이 잘못되었을 때, 당연하다고 생각했던 것이 떠나갔을 때 비로소 일상이 얼마나 소중했는지를 깨닫는다. 운동하다 다리를 삐끗한 후 그동안 정상적으로 나를 걷게 한 다리에 감사하게 된다. 별생각 없이 타고 다니던 전철이 기계 고장으로 한동안 움직이지 않을 때 그동안 탈 없이 나를 실어다 준 전철의 고마움을 깨닫는다. 속이 안 좋아 맛있는 음식을 봐도 먹고 싶지 않을 때 시장기의 고마움을 알게 된다.

주변 사람에게 잘하고 사소한 일에 감사하자

대기업 임원으로 바쁘게 지내던 한 중년 남자는 정기검진에서 암일지도 모른다는 진단을 받았다. 폐 사이에 종양이 보이는데 위치로 봐서 악성일 가능성이 높고 정밀진단이 필요하다는 것이다. 정밀진단 결과 악성은 아니고 단순한 물혹으로 밝혀졌지만 그는 정밀진단을 받고 그 결과가 나오기까지의 며칠 동안 수많은 생각을 했다고 한다.

무엇보다 가장 그리웠던 것은 다름 아닌 평소 자신이 지긋지긋하게 생각했던 일상이었다. 내가 과연 회사로 돌아갈 수 있을까, 아침에 출근하여 회의하고 동료들과 밥 먹고 업무로 이 사람 저 사람 만나고, 집사람과 쇼핑하고 애들과 장난치고, 사소한 일로 속상하고 별것 아닌 일로 걱정하고……. 건강 진단 후 그는 몇 가지 결심을 했다. 그중 하나가 '주변 사람에게 잘하고 사소한 일에 감사하자.'라고 한다.

70세가 훨씬 넘은 어떤 분은 주변 사람들의 부러움을 살 만큼 편안한 노후를 보내고 있다. 부부가 다 건강하지, 연금 덕분에 경제적으로 풍요롭지, 자식들은 결혼해서 애 낳고 다들 잘 살지. 다만 한 가지 고민이 있다면 막내아들이 30대 후반임에도 결혼을 안 한 것이다. 결혼만 안 했다 뿐이지 일류대학 교수에 실력을 인정받아 벤처까지 만들어 돈도 잘 버는 아들이다. 하지만 그분은 대부분 시간과 정력을 막내아들을 미워하는 데 쏟고 있다.

일을 하다 밤늦게 들어와도 소리를 지르며 저 자식은 하라는 결혼은 안 하고 쓸데없이 밤늦게 돌아다닌다며 난리를 친다. 그 노인에겐 행복한 99가지 이유가 있지만 전혀 행복하지 않다. 결혼 안 한 아들이 밉고 세상이 원망스러울 따름이다.

아침 출근길 전철 안에서 행복한 사람을 찾는 건 쉬운 일이 아니다. 온몸으로 고달픔을 나타내는 사람, 피곤함에 찌들어 앉자마자 눈을 감고 잠을 청하는 사람, 입을 쭉 내밀고 불만을 나타내는 사람 등등 그 사람들 속에 있으면 나 자신도 불행해지는 거 같다. 누구나 행복을 원하고 행복해지고 싶어 한다. 헌법에도 인간은 행복해질 권리가 있다고 쓰여 있다. 하지만 행복은 저절로 얻어지는 것이 아니다. 행복은 단순히 우리에게 일어나는 일에 관한 것이 아니다. 돈이 생겼기 때문에, 진급했기 때문에, 사랑하는 사람이 나타났기 때문에, 좋은 곳에서 휴가를 보낼 수 있어서 행복하다면 평생 며칠이나 행복할 수 있겠는가?

지금 바로 여기서 행복해지자

행복은 우리가 가진 것을, 우리 주변을, 우리에게 일어나는 일을 어떻게 바라보느냐에 대한 것이다. 부정적인 일에서 긍정적인 것을, 위기에서 도전을 발견할 줄 아는 능력이다. 행복함은 사소한 것에 감사하는 것으로부터 시작된다. 일어나지 않을 일을 바라기보다 이미 일어난 일을 어떻게 바라보느냐에 의해 결정된다. 가질 수 없는 것을 바라지 말고 이미 갖고 있는 것을 즐길 수 있을 때 삶은 더욱 풍요롭게 되고 보다 큰 성취감을 느끼게 될 것이다. '신은 어디에도 없다God is nowhere'와 '신은 지금 여기에 있다God is now here'를 비교해보라. 같은 글자도 사소해 보이는 띄어쓰기 한 칸에 따라 크게 달라질 수 있다. 모든 것은 그것을 어떻게 바라보느냐에 달려 있다. 행복해질 수 있는 시기는 바로 지금이다.

4.

현재의 불편함에 감사하라

군대 시절 새벽마다 구보를 했다. 여름에는 할 만했지만 겨울에는 죽음이었다. 어둠이 채 가시지 않은 추운 날씨에 웃통을 벗고 뛴다는 것은 상상만 해도 싫은 일이다. 하지만 어쩌겠는가. 명령에 따라 움직여야 하는 군인인 만큼 할 수밖에 없었다. 구보가 끝난 후 연병장에 벗어놓은 옷을 입었다. 러닝을 입을 때의 그 따뜻함, 포근함, 기분 좋음은 지금 생각해도 잊지 못할 추억이다. 어떻게 그렇게 기분이 좋을 수 있을까? 옷을 벗고 뛸 때의 불쾌감이 있기 때문이다. 불쾌함이 컸기 때문에 그만큼 만족감이 높았다.

고단함과 땀 흘림이 있어서 기쁨이 있다

수십 년 전에 비해 우리 삶은 말할 수 없이 편해졌다. 하지만 만족도는 예전과 다르지 않다. 금방 익숙해지기 때문이다. 세탁기가 빨래를 편하게 만들어주었다. 하지만 세탁기를 돌릴 때마다 "너무 좋아요. 세탁기 덕분에 생활이 윤택해졌어요."라고 감사해하는 사람은 없다. 차를 탈 때마다 "마차에 비해 속도도 빠르고 참 안락하네요. 너무 좋아요."라고 얘기하는 사람도 없다. 우리 일상은 안락 측면에서는 거의 완벽에 가깝다. 더 편안하다고 더 만족을 느끼기는 어렵다.

만족감을 올리는 방법은 하나뿐이다. 편리함을 적당히 줄이고 불편함을 의도적으로 만드는 것이다. 불쾌함이 있어야 만족감이 생긴다. 계속 편안하면 더 이상 행복하지 않다. 주말에 한 손에 리모컨을 잡고 하루 종일 뒹굴면서 텔레비전을 보고 낮잠을 잔 후 기분이 어떤가? 날아갈 듯한 기분인가? 그렇지 않다. 오후가 되면 머리가 띵하고 몸은 천근만근이다. 편안함이 지나쳐서 더 이상 편안함을 느끼지 못하는 것이다. 등산이 좋은 이유는 올라갈 때의 고단함과 땀 흘림이 있기 때문이다. 거기에 정상의 맑은 공기와 풍경이 어우러져서 말할 수 없는 기쁨을 느끼는 것이다. 헬기를 타고 정상에 오를 때는 절대 맛볼 수 없는 쾌감이다.

인간의 기쁨과 경제적 가치에 관해 연구한 미국의 경제학자 티보르 스키토프스키는 심리학의 성과를 경제학에 응용하도록 제안했다. 그가 한 말이다.

"추운 문밖에 있다가 난방이 잘된 따뜻한 방으로 들어왔을 때는 안락과 쾌락 모두 존재한다. 계속 따뜻한 곳에서 지내면 안락하기는 하지만 더 이상 쾌락하진 않다. 휴식은 언제나 안락하지만, 지쳐 있을 때의 휴식이 진정한 쾌락을 준다. 반대로 충분한 안락 안에서는 육체적 혹사 같은 자극이 쾌락의 원인이 되고, 그 뒤에 오는 평온함도 또 다른 쾌락이 된다."

지속적인 안락은 있을 수 없다. 힘든 일이 있어야 휴식의 참맛을 알 수 있다.

너무 편해서 불행한 것이다

편한 것이 반드시 즐거운 건 아니다. 즐거운 일은 때로는 어렵고 복잡하고 성가시고 시간이 걸린다. 그것이 어렵고 복잡하고 성가시고 시간이 걸리기 때문에 즐거운 경우도 많다. 편리하고 손쉬운 일이 우리의 행복지수를 떨어뜨리는 일은 얼마든지 있다. 청소를 마친 후의 상쾌함은 청소를 해본 자만이 느낄 수 있고 힘든 일을 잘 마치고 난 뒤의 성취감도 경험해봐야 알 수 있다. 우리가 불행한 것은 너무 편하기 때문이다. 행복하기 위해서는 우리 생활을 의도적으로 불편하게 만들어야 한다. 차 대신 걷는 것을 택하고, 직접 청소하고, 인터넷으로 확인하는 대신 가끔은 몸을 움직여보는 것도 방법이다. 우리는 편안함의 굴레에서 과감히 빠져나와야 한다. 행복을 위해서는 의도적으로 불편함을 추구해야 한다.

5.

잠들기 전 10분을 활용하라

뮤지컬 「명성황후」를 만든 윤호진 감독은 꿈을 먹고 사는 사람이다. 남들이 다 황당하다고 생각한 뉴욕 진출도 그런 꿈이 없었다면 절대로 이루어지지 않았을 것이다. 그의 얘기다.

"꿈꾸는 데 돈이 듭니까? 못 꿀 이유가 없잖아요. 저는 갖고 있는 꿈에 대해 자꾸 말합니다. 링컨센터에서의 공연도 그랬습니다. 주변 사람들에게 계속 얘기합니다. 처음에는 황당해하지요. 저도 믿지 못합니다. 하지만 반복하면서 나도 모르게 세뇌가 되고 그 약속을 지키기 위해 무언가 하게 됩니다. 조그만 나라 한국에서 만든 뮤지컬이 뉴욕 한가운데서 성공적으로 공연되리라고 믿은 사람은 아무도 없었지만 결국 이루어졌잖아요."

무의식에 주문을 걸어 에너지로 활용하자

그는 직원들에게도 그런 식으로 세뇌를 시켰다고 고백한다.

"뉴욕에서의 공연에는 10억 원 이상의 자금이 예상되었지만 한 푼도 걷히지 않았습니다. 당연히 여기저기서 수군대는 소리가 들렸지요. 비행깃값도 없는데 어떻게 미국엘 가느냐는 질문도 나왔어요. 그때 제가 이렇게 대답했습니다. 뗏목이라도 타고 갈 테니 걱정하지 말라고. 저는 리더십은 신명이라고 생각합니다. 월드컵 4강도 제정신에 기존 실력으로는 할 수 없던 일입니다. 다 신명 때문에 일어난 일이지요.

한류도 그렇습니다. 한국인의 핏속에 신기神氣가 있고 그것이 아시아 사람들을 사로잡은 것이지요. 제가 하도 뻥을 치니까 우리 직원들은 감독님 얘기를 듣고 있으면 곧 부자가 될 것 같은 생각이 든다고 얘기합니다. 저는 먹고사는 문제에 별로 신경을 쓰지 않습니다. 『성경』에 그런 말이 나오잖아요. '공중 나는 새를 보라. 심지도 않고 거두지도 않고 창고에 모아들이지도 아니하되'라는"

그의 얘기를 듣다 보면 사람에게 꿈이 얼마나 중요한지를 깨닫게 된다. 그는 꿈을 치밀하게 기획하고 프로세스화해 성공한 사람이다.

"일단 꿈을 꾼다. 자신을 세뇌시킨다. 말로 되뇌어 주변 사람들을 당황하게 만들고 자기 확신을 불어넣는다. 망신당하지 않기 위해 하나하나 저질러 나간다. 웬만한 어려움에도 끄떡하지 않는다. 어렵더라도 표시를 하지 않고 자신 있게 밀고 나간다."

인간은 의식세계와 무의식세계를 갖고 있다. 의식세계의 개발을 위해서는 큰 노력을 기울이지만 무의식세계에 대해서는 그만한 관심을 기울이지 않고 별다른 노력도 하지 않는다. 윤 감독은 무의식세계를 잘 활용해 성공한 사람이다. 자신의 무의식에 주문을 걸어 이를 에너지로 활용했다. 무의식에 가장 영향을 미치는 중요한 시간이 바로 잠들기 전 10분이다. 무엇을 하다 어떻게 잠이 드는가에 따라 잠자는 시간의 품질이 결정된다. 또 아침에 일어나 무엇을 하느냐에 따라 하루가 결정된다. 그래서 잠들기 전 10분, 깨어난 10분은 참으로 귀중한 시간이다.

잠들기 전에 좋은 생각을 하자

잠들기 전에는 좋은 일에 대해 생각하는 것이 좋다. 좋은 생각을 하다 잠이 들면 좋은 꿈을 꾸기 때문이다. 그런 의미에서 자기 전에 싸움한다든지, 야단을 친다든지, 누군가를 미워한다든지 하는 것은 바람직하지 않다. 텔레비전을 보는 것은 좋지만,

고발 프로그램 같은 것을 보다 자는 것은 문제가 있다. 「그것이 알고 싶다」 「이제는 말할 수 있다」 「PD수첩」 같은 사회 고발 프로그램은 사회의 어두운 면과 문제점을 주로 지적한다. 당연히 이를 보면 마음이 무겁고 울분이 생긴다. 이를 가슴에 안은 채 잠자리에 드는 것은 나쁜 음식을 먹고 바로 잠자리에 드는 것과 같다. 잠자리가 뒤숭숭해질 가능성이 높다.

좋은 책을 읽다 잠이 드는 것을 추천한다. 책을 보면 일단 잠이 잘 온다. 깊이 잘 수 있다. 게다가 선행을 베푼 사람들 얘기, 가족 간 따뜻한 사랑 얘기, 위인의 성공 얘기 같은 좋은 얘기를 읽다 잠이 들면 그 화두는 밤새 무의식을 떠다니며 숙성되고 확대되고 발전된다. 나도 모르는 사이에 세상을 보는 눈과 생각이 긍정적으로 변화된다. 먹는 음식이 건강을 좌우한다. 무엇을 듣고 생각하다 잠을 자느냐에 따라 무의식과 꿈의 품질이 좌우된다. 이 또한 당연한 얘기인데 사람들은 별로 중요하게 생각하지 않는다. 잠들기 전 10분이 당신의 인생을 좌우한다.

6.

날수 세는 지혜를 가져야 한다

|

난 주말이 없는 사람이다. 큰딸과 둘째 딸이 매주 집에 오기 때문이다. 다 모여서 밥을 먹고 주원이 재롱을 보고 목욕을 시키고 노는 게 우리 집 일상이다. 근데 둘째 다민이가 태어난 후 우리 집 주말은 사라지는 걸 넘어 비상 사태가 됐다. 갓난아기가 있으니 조심할 게 많다. 방 안을 깨끗이 치우고 습도를 조절하고 온도에도 신경써야 한다. 게다가 애가 둘이다.

애가 하나인 것과 둘인 건 완전히 다르다. 애 둘이 오면 정신이 없다. 애 둘이 울기 시작하면 영혼이 탈탈 털리는 기분이다. 우리 부부는 아무것도 하지 못한다. 외출은 생각도 못 한다. 다민이가 어느 정도 클 때까지는 계속 그럴 것 같다. 우선, 애들 부모가 너무 딱하다. 육아에 시달린 딸과 사위는 몰골이 말이 아니다. 샤워도 못 하고 집에 왔다고 했다. 일단 샤워부터 하라고 했다. 주원이도 딱하긴 마찬가지다. 동생이 생기는 바람에 권력 빼앗겼지, 날씨는 추운데 코로나19까지 덮쳐 외출 못 하지, 완전히 밀림의 왕자 타잔을 우리 속에 가둬놓은 격이다. 그래서인지 떼가 늘었다. 말이 늘면서 안 된다는 말을 입에 달고 산다. 그래도 할아버지 집이 세상에서 제일 좋단다. 거기 가면 자기가 맘대로 할 수 있는 할아버지 할머니가 있기 때문이리라.

"손자가 오면 반갑고 가면 더 반갑다."라는 말이 실감 나는 요즘이다. 난 주말에만 애를 보는데도 이리 힘든데 매일 하루 종일 애와 붙어 있는 엄마들은 어떨까? 요즘 우리 딸들은 부모를 절실히 원한다. 결혼 전에도 부모를 끔찍이 원하긴 했지만 지금 정도는 아니었다. 근데 애를 낳고 기르면서 필요성이 더 커진 것 같다. 둘이 애 둘을 키우는 게 힘에 부치니 우리 부부의 도움이 더욱 절실할 것이다.

모든 일에는 끝이 있다는 것을 기억하자

문득 이런 생각이 들었다. 얘들이 앞으로 얼마나 우리를 이 정도로 절실히 원할까? 길어야 몇 년일 것이다. 어느 아주머니 말로는 애들이 중학교만 들어가도 필요성이 확 준단다. 모든 것은 다 때가 있다. 애들이 우리를 필요로 하는 것도, 주원이가 나와 놀아주는 것도, 우리가 이렇게 놀아줄 수 있는 것도 다 때가 있다는 생각이다. 그렇다면 필요로 할 때 적극적으로 도와주는 것이 우리 역할이다.

은퇴한 지인들은 들로 산으로 해외로 여행을 다니는데 당분간 우리 집은 꿈도 꾸지 못한다. 사실 별로 가고 싶지도 않다. 힘든 아이들을 나 몰라라 하고 우리끼리 놀러 가도 별로 재미있을 것 같지 않다. 하여간 요즘 우리 부부는 상한가를 기록하고 있다. 우리를 원하는 사람들이 너무 많다. 딸들은 수시로 나와 아내의 일정을 확인한다. 우리는 기쁜 마음으로 응한다. 이런 날이 얼마 남지 않았다는 걸 알기 때문이다.

행복하기 위해서는 날수 세는 지혜를 가져야 한다. 남은 날의 숫자를 세라는 말이다. 모든 일에는 끝이 있다는 걸 인지해야 한다. 나이가 든다는 건 끝을 의식하게 된다는 것과 같은 말이다. 요즘 자주 그런 생각을 한다. 젊은 엄마들과의 독서 모임도 그렇다. 10여 명의 젊은이들과 매주 혹은 격주에 한 번 모여 내 책을 읽고 거기에 대해 얘기를 나누고 밥을 먹는다. 독서토론이 끝나면 우르르 나가 밥을 먹으면서 대화의 꽃을 피운다. 웃고 떠들고 그야말로 꿈같은 시간을 보낸다.

근데 문득 그런 생각이 들었다. 이런 날이 얼마나 남았을까? 5년? 10년? 아니 얼마 남지 않았다는 생각이 든다. 신간을 낸 후 다독다독이나 월급쟁이부자 같은 팟캐스트를 같이 녹음하는 날에도 그랬다. 두 시간 정도 내 책에 관해 얘기하느라 정신없이 웃고 떠들고 집에 오면서도 그런 생각이 들었다. 앞으로 얼마나 책을 쓸 수 있을까? 이렇게 젊은 사람들하고 얼마나 더 얘기를 나눌 수 있을까? 수많은 곳에서 내 강의를 듣겠다고 전화할 때 어떨 때는 귀찮다는 생각이 들다가도 아차 싶다. 내가 이러면 안 되지, 나를 찾을 때 감사하고 잘해야지 하면서 스스로 추스른다. 이런 날이 얼마 남지 않았을 수도 있다는 생각 때문이다.

지금 당연한 게 앞으로 당연하지 않을 수 있다

아내와 해외여행을 하면서도 비슷한 생각이 들었다. 두 발로 걸어 다니며 미술관도 가고 쇼핑도 하느라 즐겁지만 이런 시간이 얼마 남지 않았다는 생각이 든다. 무엇보다 지금 나를 절실히 필요로 하는 딸과 사위와 손자들이 조금만 지나면 내가 필요하지 않을 수 있겠다는 생각이 들었다. 지금 당연한 게 앞으론 당연하지 않을 수 있다.

지금 가진 걸 앞으로는 누리지 못할 수도 있다. 지금 곁에 있는 게 앞으로는 나를 떠날 수도 있다. 지금 내가 가진 건 사실 내 것이 아니다. 잠시 내 곁에 있을 뿐이고 언젠가는 나를 떠날 것이다. 이런 생각으로 살면 세상은 감사한 일투성이다. 잠시 내 곁에 있다는 사실에 가슴이 벅차다. 내겐 이게 행복이다.

7.

돈으로 시간을 사고 경험을 사라

내 주변에 있는 부자 중 돈을 제대로 쓰지 못하는 사람이 많다. 이상한 곳에 돈을 쓰고 정작 써야 할 데는 쓰지 못한다. 지인 중 한 사람은 파출부를 쓰지 못한다. 의심도 많고 그가 일하는 게 맘에 들지 않기 때문이다. 나이 일흔이 넘고 집안일을 힘들어하면서 혼자 모든 걸 하는 걸 보면 난 이해할 수 없다. 어떤 부자는 책을 사고 뭔가를 배우는 데 돈을 못 쓴다. 어떤 부자는 옷 사는 걸 아까워해 늘 후줄근하게 다닌다. 지금처럼 쓰면 틀림없이 죽기 전에 다 돈을 쓰지 못할 것 같은데 왜 저렇게 돈을 쓰지 못할까?

돈을 어디에 쓰는지 점검해보자

돈 쓰는 걸 보면 어떤 가치관을 가졌는지 알 수 있다. 나 역시 그러하다. 행복에 관한 책을 쓰면서 난 어디에 돈을 쓰는지 점검해봤다.

첫째, 난 돈으로 시간을 산다. 기업 강의를 많이 다니는데 연수원은 주로 서울 근교에 있다. 대부분 회사는 차를 보내주는데 간혹 배차를 안 해주는 경우가 있을 땐 기사 딸린 렌터카를 이용한다. 작년 모 기업에서 한 달에 10회 정도 강의를 요청했다. 대부분 송도, 수원, 부천 등 서울 근교이고 운전하면 한 시간도 걸리지 않았다. 난 자가 운전 대신 모든 왕복을 렌터카 회사에 맡겼다. 그럼 차 안에서 많은 일을 할 수 있다. 전화도 하고, 강연도 듣고, 피곤할 때는 잠도 잘 수 있다. 골프를 치러 갈 때도 렌터카를 이용한다. 친구들은 다 기사가 딸렸고 라운딩 후 맥주를 마시는데 차 때문에 나 혼자 시원한 맥주 한 잔의 즐거움을 포기하기 싫기 때문이다. 비용이 아깝긴 하지만 행복을 위해 투자하는 비용이다. 행복을 위해서는 투자가 필요하다.

둘째, 난 돈으로 노동력을 산다. 난 그런 곳에 돈을 쓴다. 내가 사는 아파트는 오래됐고 그래서 시니어들이 많다. 거의 반은 고급 외제 차이고 매일 세차 서비스를 해주는 데가 있는데 비용이

비싸지 않다. 게으른 난 세차하지 않는다. 미국에 살 때는 공기가 맑아 며칠 세차를 하지 않아도 지장이 없지만 먼지가 많은 한국은 며칠만 차를 닦지 않아도 봐줄 수 없을 정도로 더러워진다. 이 아파트에 이사 온 이후 줄곧 그 서비스를 이용하는데 얼마나 좋은지 모른다. 늘 차는 번쩍번쩍하고 눈이 오는 날은 눈까지 치워준다. 차 내부도 청소해주는데 가성비가 참 좋다.

또 10년 이상 집안일을 도와주는 아줌마가 일주일에 이틀 정도 오고 있다. 거의 가족 같은 존재다. 요즘은 반찬도 해주는데 난 그분이 해주는 음식을 좋아한다. 아내의 집안일을 줄여주자는 목적인데 만족도가 높다. 아줌마가 왔던 날 집에 들어가면 새 집에 들어가는 기분이다.

셋째, 난 돈으로 자기계발을 산다. 즉 책을 사고 교육받는 데 돈을 아끼지 않는다. 기업이 잘되기 위해서는 연구개발에 비용을 써야 한다. 그래야 신제품을 만들 수 있다. 개인도 그러하다. 계속 일신우일신해야 한다. 하지만 대부분 개인은 자기계발에 비용을 쓰지 않고 뭔가 잘되길 바란다. 허무한 생각이다. 난 끊임없이 갈고닦는 걸 목표로 한다. 무엇보다 공부하는 걸 좋아한다.

작년엔 강점 코칭 교육을 받았는데 5일 교육에 기백만 원이나 했지만 과감히 투자했다. 결코 적은 돈이 아니지만 보람이 있었다. 내 강점 두 가지인 정보 수집과 배움이 직업적 특성과 딱 맞아떨어진다는 사실도 발견했다. 서점에 갈 때면 맘에 들면 가리지 않고 책을 마구 산다. 요즘 한자 관련 책을 쓰려고 한자 관련 책을 30권은 산 것 같다. 난 공부하는 데 제법 많은 돈을 쓴다.

넷째, 난 선투자 후 즐긴다. 먼저 서비스에 돈을 지급하고 이후 즐기는 걸 선호한다. 10년째 하는 헬스 코칭이 그렇다. 아내와 둘이 기백만 원을 선결제하고 아무 생각 없이 몇 달간 코칭을 받았다. 가끔 받는 마사지도 그렇다. 갈 때마다 돈을 내는 것보다는 10회권 같은 걸 끊고 즐기는 편이다.

다섯째, 난 돈으로 선물을 산다. 남들에게 뭔가 주는 걸 좋아하기 때문이다. 난 선물을 주고받는 걸 좋아한다. 주는 것도 좋아하고 받는 것도 좋아한다. 요즘 카톡에 생일을 맞은 사람들 얼굴이 뜬다. 별거 아닌 쿠폰으로 그 사람과 안부를 주고받으면 기분이 좋아진다. 또 선물도 제법 많이 받는데 많은 경우 주변 사람과 나눈다. 난 이런 행위를 사랑한다.

돈을 제대로 쓰면 행복이 극대화된다

돈 쓰는 걸 보면 그 사람이 어떤 사람인지 조금은 알 수 있다. 부자는 많지만 돈을 제대로 쓰는 사람은 많지 않다. 난 돈을 잘 쓰는 사람이 되고 싶다. 내가 쓰는 대원칙은 행복의 극대화다. 적게 쓰지만 만족도는 최고로 하는 것이다. 관련해 책 하나를 소개한다. 엘리자베스 던과 마이클 노튼의 공저 『당신이 지갑을 열기 전에 알아야 할 것들』인데 핵심은 다섯 가지다.

첫째, 체험을 구매하란 것이다. 물질적인 것보다 여행이나 콘서트 관람 같은 체험에서 큰 행복감을 느낀다고 한다. 많이 들은 얘기다. 둘째, 돈으로 시간을 구매하란 것이다. 내가 이미 실천 중인 항목이다. 돈보다 시간적 여유가 있을 때 행복하다. 셋째, 먼저 돈을 내고 나중에 소비하란 것이다. 이 역시 실천 중이다. 근데 대부분 반대로 한다. 대표적인 것이 신용카드 사용이다. 먼저 쓴 후 나중에 지급의 고통을 느낀다는 것이다. 넷째, 다른 사람에게 투자하란 것이다. 자신에게 지출할 때보다 다른 사람에게 지출할 때 행복감이 훨씬 더 상승한다.

돈을 많이 버는 건 쉽지 않다. 하지만 같은 돈을 어떻게 쓸 것이냐 하는 건 얼마든지 변화를 줄 수 있다. 현재 여러분은 어디에 돈을 주로 쓰는가? 만약 바꾼다면 어떻게 바꾸고 싶은가? 같은 돈이라도 현명하게 잘 쓰면 행복도를 높일 수 있다.

8.

행복은 현재만큼이나 미래에 달렸다

"지금 잘살다 몇 년 후 어렵게 살 것인가, 아니면 지금은 다소 어렵지만 몇 년 후 잘사는 걸 택할 것인가?"라고 묻는다면 여러분은 어느 쪽을 택할 것인가? 이럴 때 꼭 지금도 잘살고 미래에도 잘살고 싶다는 사람이 나타난다. 그런 건 없고 둘 중 하나를 택해야만 한다. 난 지금 다소 어렵더라도 미래에 잘사는 걸 택할 것이다. 그게 훨씬 사는 맛이 나기 때문이다.

미래는 현재에 큰 영향을 미친다

나도 그렇지만 내 친구들은 대부분 개룡남이다. 개천에서 난 용들이다. 다들 어렵게 살다 요즘 살림이 핀 친구들이다. 그래서 걸핏하면 과거에 자기 집이 얼마나 어려웠는지를 무용담처럼 얘기한다. 거기서는 더 어려웠던 사람이 승자다. 미래에 잘산다는 보장만 있으면 과거에 어려운 건 자산일 수 있다. 인생 역전에서 오는 즐거움이 있기 때문이다. 계속 잘사는 것보다는 못살다 잘살면 효용성이 높아지기 때문이다.

흔히 행복은 미래나 과거에 있지 않고 현재에 있다고 얘기한다. 맞는 말이지만 동시에 틀린 말이다. 행복은 현재 못지않게 미래에 달려 있다. 지금이 행복해도 미래가 불안하면 행복하기 어렵다. 직장인들은 금요일 아침이 즐겁다. 오늘만 일하면 이틀을 쉴 수 있기 때문이다. 반면 일요일 오전은 즐겁지 않다. 저녁이 되면 괴롭다. 오늘 하루는 쉴 수 있지만 내일부터 고단한 일상이 시작되기 때문이다. 분명 현재를 즐기는 것이 행복이란 사실을 머리로는 알지만 미래에 대한 걱정을 지울 수 없기 때문이다.

반대로 현재가 다소 힘들어도 지금 고생이 조만간 밝은 미래로 이어질 것이란 희망이 있으면 현재의 고생은 얼마든지 참을 수 있다. 다음 질문에 대한 당신 답은 무엇인가? 매 한 대당 1억 원씩 줄 테니 매일 한 대씩 100일 동안 매를 맞겠는가? 아마 많은 사람이 기꺼이 맞는다고 나설 것이다. 매일 매를 맞는 것은 싫지만 석 달 맞고 나면 100억 원이 생기는데 못할 일이 뭐가 있겠는가?

행복을 위해 현재를 즐기라는 얘기를 많이 하지만 그건 어디까지나 미래가 보장된다는 가정하에 유효하다. 미래가 불안하고 두렵다면 현재를 즐기기 어렵다. 돈도 그렇다. 누군가 나타나 "100억 원을 주겠다. 근데 한 달 후에 죽을 것이다."라고 하면 그 제안을 받아들이겠는가? 거의 없을 것이다. "100억 원이 있는데 쓰건 쓰지 않건 하루에 1억 원씩 빠질 것이고 석 달 후 파산이다."라고 말한다면 기분이 어떨 것 같은가? 지금의 부에서 아무런 행복감을 느끼지 못할 것이다. 그만큼 미래는 현재에 큰 영향을 미친다.

과거 고생은 멋진 추억이 될 수 있다

하지만 주변에는 용감한 사람들이 많다. 전셋돈을 빼서 온 가족이 여행을 가는 사람들도 있고, 인생 뭐 있느냐며 비싼 술집에서 한 달 치 월급을 쓰는 사람도 있고, 가진 것 없는 사람이 비싼 외제 차를 뽑기도 한다. 나름 생각이 달라 하는 행동이지만 나 같은 사람은 도저히 할 수 없는 일이다. 내 경우는 전셋돈을 빼서 여행을 다닐 수도 없겠지만 여행을 다녀도 풍광이 눈에 들어올 것 같지 않다. 여행이 끝난 후의 걱정 때문에 여행을 제대로 즐길 수 없을 것 같다. 오히려 지금 사는 곳이 누추하고 일상이 고달파도 미래를 위해 지금의 고생을 참는 쪽을 택할 것 같다.

미래를 담보로 현재를 희생하라는 얘기 따위는 하고 싶지 않다. 언젠가 올 그날을 위해 모든 걸 참으라는 얘기도 하고 싶지 않다. 현재를 즐기라는 진부한 얘기도 하고 싶지 않다. 내가 하고 싶은 얘기는 과거와 현재, 현재와 미래는 다 연결되어 있어서 어느 것 하나를 떼어서 따로 얘기할 수는 없다는 것이다. 상황에 따라 모든 것은 변할 수 있다.

고생이 그렇다. 과거에 고생했어도 지금 사는 것이 행복하면 과거 고생은 멋진 추억이 될 수 있다. 과거의 부귀영화도 지금이 불행하다면 일장춘몽을 넘어 나를 더 힘들게 하는 요인이 될 것이다. 미래도 그렇다. 미래에 희망이 보이면 지금 힘든 것은 얼마든지 참고 견딜 수 있다. 반대로 앞이 보이지 않으면 지금 잘 사는 것도 마음껏 즐길 수는 없는 법이다.

미래가 현재 행복을 좌우한다면 어떻게 해야 할까? 무언가 가치 있는 일을 하는 것이 좋다. 결과에 상관없이 씨 뿌리는 일을 하는 것이 좋을 듯싶다. 살아생전 결과가 나올 수도 있고 그렇지 않을 수도 있다. 계속 공부하는 것, 운동하는 것, 나무를 심는 것, 사람들에게 선을 베푸는 것, 새로운 영역에 도전하는 것, 환경에 관심을 두는 것 등이 그것이다. 현재를 즐기는 것이 행복이라고 말하지만 미래 또한 행복에 큰 영향을 미치기 때문에 아무 생각 없이 사는 건 위험하다는 것이 내 생각이다.

9.

남이 아닌 어제의 나와 비교하라

20년쯤 전 처남이 하와이대학교에 유학할 때 하와이를 가본 적이 있다. 월급 생활을 하면서 하와이에 가는 것은 여러 면에서 무리였다. 일단 돈이 없고 시간도 내기 어려웠다. 그렇지만 그때 못 가면 영원히 못 갈 수 있겠다는 생각이 들어 무리했다. 일주일 휴가를 간다고 하니까 상사는 노골적으로 싫은 내색을 했다.

"한 박사는 하고 싶은 대로 하면서 살아 좋겠소. 나 같은 사람은 20년 이상 직장을 다녔지만 휴가다운 휴가를 쓴 기억이 없는데 들어온 지 얼마 되지 않은 사람이 그렇게 휴가를 쓰겠다니 할 말이 없소. 하여간 내가 돈 대주는 거 아니니 다녀오세요."

대강 이런 말을 했던 것 같다. '이왕 보내줄 것 화끈하게 보내주지 이렇게 토를 달 건 뭘까? 난 상사가 되어도 저런 행동은 하지 말아야지.'라고 생각했다. 시간보다 더 문제가 되는 건 비용이었다. 당시 내 경제 사정은 말이 아니었다. 땡전 한 푼 없이 한국에 와서 회사에서 빌려준 돈으로 작은 아파트 전세 하나 얻고 빌린 돈을 겨우 갚은 상태였다. 그 때문에 옷 하나 제대로 사 입지 못했다.

알량한 월급으로 애 키우랴, 자식 도리 하랴, 저축은 생각하기 힘든 생활이었다. 하루하루 헉헉대며 살고 있었다. 할 수 없이 집사람이 곗돈을 미리 당겨 받고 그 돈으로 하와이에 가기로 했다. 한마디로 융자받아 간 것이다. 그래도 너무 좋았다. 다시는 못 올 것이란 생각에 아름다운 하와이 풍경을 머릿속에 꾹꾹 눌러 담았던 기억이 난다.

열심히 일해서 번 돈을 쓸 때 달콤하다

그러다 20년 만에 가족을 데리고 하와이를 다시 가게 됐다. 우리 가족은 최근 2년간 가족여행을 가지 못했다. 직장생활을 하는 딸들이 시간 내기가 어려웠기 때문이다. 그런 애들을 두고 부모가 여행을 가는 것이 마음이 편치 못해 차일피일 미루고 있었는데 작은애가 친구와 이탈리아 여행을 가기로 했다고 통보했다.

큰애는 갑자기 예정에 없던 휴가를 일주일 쓰라는 허락을 받았단다. 원래 계획에 있었으면 친구들과 여행을 갈 텐데 갑자기 휴가를 쓰라니까 가족 외에는 같이 갈 사람이 없었다. 휴가철이라 다른 곳은 이미 예약이 끝났는데 하와이는 여유가 있다고 해서 하와이로 결정했다. 본의 아니게 우리는 이산가족이 됐다. 작은애는 이탈리아로, 나머지는 하와이로 여름휴가를 간 것이다. 하와이는 천국이었다. 하늘빛이 달랐다. 늘 공해에 찌든 칙칙한 하늘만 보던 내게 하늘빛은 놀라움 그 자체였다. 바다색도 마찬가지였다. 세상에 어떻게 저런 색이 나올 수 있을까? 일주일간 우리 가족은 꿈같은 시간을 보냈다. 렌트한 차로 여기저기 돌아다니고 맛난 것도 먹고 쇼핑도 했다.

20년 전 하와이 여행도 내겐 큰 기쁨이었다. 하지만 이번 여행이 훨씬 더 행복했다. 딸을 데리고 갈 수 있어 그러했다. 융자를 받아서 간 게 아니고 열심히 번 돈으로 갈 수 있어서 그러했다. 상사의 잔소리를 들으며 찝찝하게 간 게 아니라 누구의 눈치도 보지 않고 시간을 쓸 수 있어 행복했다. 무엇보다 나를 행복하게 했던 건 어제의 나와 비교해 오늘의 내가 나아졌다는 기분 때문이었다. 만약 내가 부잣집 아들로 태어났다면 하와이 여행은 별거 아니었을 것이다. 하지만 살림이 조금 풀리면서 가게 된

하와이라 행복했다.

과거의 나와 비교해 지금의 나는 나아지고 있다

행복이란 무엇일까? 언제 행복할 수 있을까? 바로 어제보다 오늘이 나아지는 것이 행복이다. 행복의 천적은 비교라고들 한다. 기분이 좋다가도 남들과 비교해 내가 처진다고 생각하면 그때부터 불행하다. 그래서 가능한 남들과의 비교는 피해야 한다. 근데 비교가 행복일 수도 있다. 과거의 나와 비교해 지금의 내가 나아지고 있다는 걸 느낄 때가 그렇다. 20년 만에 다시 하와이에 가면서 내가 배운 교훈이다. 이는 앞으로도 그럴 것이다.

난 앞으로도 계속 비교하면서 살 것이다. 과거의 나와 지금의 나를 비교하고, 지금의 나와 미래의 나를 비교할 것이다. 남과의 비교는 불행을 가져오지만 과거의 나와 지금의 나를 비교하는 건 그 자체로 기쁨이고 행복이다.

10.

지금 여기 온전히 존재하라

코로나19로 인해 모든 강의가 취소됐다. 메르스 때도 한 달간 비슷한 경험을 했는데 훨씬 강도도 세고 오래갔다. 많은 사람이 위축되어 밖에도 나가지 않고 집에서 많은 시간을 보냈다. 난 이번 일을 겪으면서 어떻게 해야 시간을 잘 활용할 수 있을지, 생산적인 시간을 보낼 수 있을지를 생각해봤다.

가장 먼저 뉴스를 끊었다. 뉴스를 보지 않기로 했다. 뉴스는 볼수록 기분이 나빠진다. 아무것도 하고 싶지 않아진다. 보지 않아도, 알고 싶지 않아도 알 수밖에 없다. 뻔한 소식뿐이다. 아무리 얘기해도 듣지 않는 대통령, 무능한 정부, 국민의 분노, 가라앉는 경제 등등. 내가 할 수 있는 일이 별로 없다. 대신 이 시간을 알뜰하게 쓰기로 했다. 현재에 충실해지기로 했다. 평소 바쁘다는 핑계로 하지 못했던 일을 하기로 했다.

현재에 집중해서 충실하게 살자

최대한 일상을 유지하기로 했다. 작은 목표를 하나 정했는데 코로나19 때 책을 몇 권 쓰기로 했다. 행복에 관한 책이 그중 하나다. 사실 오래전부터 행복에 관해서는 관심도 높고 나름 행복을 잘 즐기는 사람이란 생각에 틈틈이 글을 쓰고 이를 모았지만 우선순위에 밀렸는데 이번에 끝장을 보기로 했다.

행복의 조건에 관해 얘기를 나누라고 하면 가장 먼저 뭐가 연상되는가? 난 현재에 집중하라는 말이 떠오른다. 과거에 연연하지 말고 미래에 일어날 일을 앞당겨 걱정하지 말고 지금 여기 현재에 집중하란 것이다. 참 많이 듣고 살았다. 하지만 실천은 쉽지 않다. 코로나19가 발생하면서 난 가장 먼저 이 말이 떠올랐다. 이런 생각이 들었다. '맞다. 바로 그렇다. 이미 코로나19는 일어났고 당분간 계속될 것이다. 강의나 기타 모임은 많이 줄 것이고 시간은 남아돌 것이다. 이럴 때 평소 바쁘다고 미루었던 일을 하자.' 그게 뭘까? 운동시간 늘리기, 많이 걷기, 평소 만나지 못했던 사람 만나기, 미루어뒀던 책 읽고 글쓰기, 주원이와 놀아주기, 아내와 시간 보내기 등등 생각해보니 지천이다.

60대 중반이 넘어가니 떠오르는 생각이 있다. 지금은 건강하지만 언제 죽을지 모른다는 생각이다. 사실 지금 죽어도 억울할 건 하나도 없다. 잘 살았고 지금도 잘 살고 있다. 언제 죽어도 억울하지 않을 나이다. 하지만 시간에 관한 생각은 젊을 때와 많이 달라졌다. 시간의 밀도를 높이고 싶다. 시간을 허투루 쓰는 대신 집중해서 하고 싶은 일, 즐거운 일, 보람 있는 일을 하면서 살고 싶다. 늘 여기 지금 존재하고 싶다. 그래서 언제 사형선고를 받더라도 담담하게 받아들이고 싶다.

밀도 있게 살고 죽음을 멋지게 받아들이자

이를 잘 실천한 사람이 한 명 있다. 세계 최고의 회계법인 중 하나인 KPMG그룹의 CEO인 유진 오켈리가 주인공이다. 그는 어느 날 사형선고를 받았다. 뇌종양에 걸려 몇 개월밖에 살지 못한다는 것이다. 암 진단을 받고 며칠 후 그는 CEO 자리를 내놓았다. 미래를 위해 계획했던 원대한 구상도 포기했다. 사람, 관행, 하던 일 모든 걸 내려놓고 대신 남은 시간을 최대한 밀도 있게 살기로 결심했다. 죽음을 멋지게 받아들이기로 결심한 것이다.

죽음을 의식하고 죽음의 진행 과정을 관찰하고 죽음을 포용하기로 했다. 1,000명 가까운 사람들과 나눠야 할 작별 인사, 남은 시간 동안 할 일, 장례식 준비 등 할 일이 참 많았다. 죽음에 대해 괴로워하는 대신 죽을 것이란 현실을 받아들이고 현재를 충실히 살기로 했다. 그런 과정을 그린 책이 『인생이 내게 준 선물』이다. 이 책에서 그는 이렇게 말했다.

"더 이상 미래에 살지 말자. 과거에도 얽매이지 말자. 두 달 앞이나 한 주 앞, 또는 몇 시간 앞을 내다보며 사는 건 그만두자. 존재하지도 않는 세계에 산다는 것은 피곤한 일이다. 가장 중요한 현재를 놓친다는 점에서 어리석은 일이다."

옷을 얇게 입어 감기에 걸렸다면 어떻게 해야 할까? 숲에서 독사에게 물렸다면 가장 먼저 무엇을 해야 할까? 감기를 치료하고 독을 빼내면 된다. 원인을 되씹고 곱씹는 건 의미가 없다. 근데 많은 사람이 과거에 사로잡혀 현재를 희생한다. 과거는 과거일 뿐이다. 과거 사건을 자꾸 돌아보는 건 아무 도움이 되지 않는다. 과거 때문에 현재가 피해를 보면 안 된다. 다가올 미래를 위해 현재를 희생하는 일도 어리석다. 가장 중요한 건 현재뿐이다.

인생은 찰나의 연속이다. 우리는 지금 여기를 살아갈 수밖에 없다. 손자 주원이는 맘에 드는 노래가 나오면 누가 가르쳐준 것도 아닌데 엉덩이를 실룩거리며 춤을 춘다. 근데 꼭 나보고 같이 추자고 한다. 그동안은 할 수 없이 췄는데 이제는 같이 열심히 춰야겠다. 내겐 그게 가장 중요하니까. 이런 시간이 다시는 오지 않을 테니까. 난 정말 지금 여기에 온전히 존재하고 싶다. 이것이 내가 생각하는 행복이다.

행복 수업 4

쓰지 않은 행복은 사라진다

1.

행복을 느끼는 것은 능력이다

여러분의 삶의 만족도는 어떻게 되는가? 아주 만족을 하고 있는가? 어떻게 하면 만족도가 올라갈까? 돈이 조금 더 있으면, 회사가 잘되면, 배우자가 말을 잘 들으면……. 과연 그럴까? 삶의 질이란 무슨 일을 하느냐가 아니라 그 일에 대해 어떻게 생각하느냐에 달려 있다.

우선순위에 따라 살아야 만족도가 높다

바람의 딸 한비야는 월드비전의 구호팀장이다. 지금은 유엔으로 일터를 옮겼다. 그녀의 임무는 사건 사고가 터지는 곳에 제일 먼저 가서 구호 활동을 하는 것이다. 세상 시각으로는 가장 힘들고 험한 일이다. 하지만 그녀는 세상에서 가장 행복한 사람이다. 가슴 뛰는 일을 하면서 살기 때문이다. 가장 하고 싶은 일을 하기 때문이다. 그녀의 책『그건, 사랑이었네』를 보면서 느낀 것들이다.

행복을 느끼는 것은 능력이다. 그녀는 그 분야에서 탁월하다. 그녀의 말이다. "나는 한 씨라는 게 마음에 든다. 58년 개띠인 것도 마음에 든다. 셋째 딸인 것도 얼굴도 마음에 든다. 평범하지만 웃는 모습이 환해서 좋다. 160센티미터에 50킬로그램 남짓한 몸도 마음에 든다. 불광동 독바위역 근처에 사는 것도 마음에 든다. 호들갑과 오버액션은 내 즐거움의 원천이자 정체다. 눈앞에 있는 것을 있는 그대로 느끼고 표현하지 못하면 가슴이 터질 것 같다. 음식이 마음에 들면 먹는 순간 그것을 표현해야 한다. 다 먹고 집에 온 후 '생각해보니 그 집 음식이 참 마음에 드네.'라고 하면 얼마나 김이 빠지는가. 순간을 느끼고 마음껏 표현하며 즐기는 것은 중요한 삶의 기술이다." 보통 사람이 보기에 별로 만족할 만한 일도 아닌데 그녀는 마음에 든다고 한다.

삶의 질을 높이기 위해서는 우선순위에 따라 살아야 한다. 하기 싫은 일을 목구멍이 포도청이라 억지로 하는 사람은 절대 행복할 수 없다. 그녀의 최우선 순위는 마음을 설레게 하는 구호 활동이다. 남들이 뭐라 해도 험해 보이는 그 일이 행복의 원천이다. 그다음은 책을 읽고 글을 쓰고 권하기다. 다음은 산에 가기다. 그래서 사는 집도 북한산 가까이에 얻은 것 같다. 산 덕분에 평생 심심하지 않을 자신이 있다고 한다. 그녀는 홈피도 블로그도 없다. 시간 배분상 우선순위에서 밀리기 때문이다.

인생은 생각하기에 따라 달라진다

그녀의 삶은 단순하다. 그래서 행복하다. 그녀의 말이다. "평범한 사람들은 돈이 많지 않아도 상대적 박탈감 없이 사는 법을 배우는 게 훨씬 중요하고 현실적이다. 돈이 있어야만 자유를 얻을 수 있다면 그건 종속된 자유다. 돈 없이 자유로운 게 진짜 자유다. 나는 최대한 간단하게, 간소하게 살자는 주의다. 가족도 없고 돈도 크게 필요 없다. 쓰고 싶은 글만 쓰면 되고 하고 싶은 강연만 하면 되니까 일도 잘되고 즐겁다. 품위와 자존심도 유지된다. 간소하게 살기의 훈련장은 배낭여행이다. 무거운 배낭을 메고 다니다 보면 가진 물건이 많다는 것이 자유가 아니라 족쇄인 것을 단박에 깨달을 수 있다."

한비야는 적은 나이는 아니다. 나이 먹는 것은 두렵지 않지만 후지게 나이 먹는 것은 두렵다고 한다. 절대 저렇게 나이 먹지는 말아야지 하는 두 가지가 있다. 하나는 "내가 왕년에는……"이라는 말을 말머리 삼아 옛날이야기를 하고 또 하는 사람, 자기 생각과 경험이 세상 전부이고 진리라고 믿는 사람, 자기 손에 있는 것을 쥐고만 있는 사람이다. 나이가 들수록 움켜쥐고 베풀지 못하는 사람은 추하고 초라하고 딱해 보인다. 그래서 그녀의 꿈은 주자학파다. 자신이 가진 것, 돈이든 시간이든 에너지든 기꺼이, 아낌없이 나눠주자는 것이다. 이미 많은 것은 주고 있지만 더 주자는 것이다.

한비야는 겉으로 보기에는 강하고 결단력 있고 주저함이라고는 없어 보인다. 하지만 절대 그렇지 않다. 그녀의 얘기다.

"누구나 흔들리며 큰다. 나도 그렇다. 사람들은 나를 어떤 선택 앞에서 흔들림 없이 거침없이 나가면서 자유를 한껏 누리는 사람이라고 여긴다. 전혀 그렇지 않다. 일단 무엇인가를 선택하면 그 후에는 거기에 올인하고 집중하고 끝까지 해보는 성향은 물론 있다. 하지만 선택하는 순간까지는 흔들리고 떨리고 괴롭다. 10대와 20대 때는 안달복달하며 살았다. 가고 싶은 방향만 어렴풋이 있을 뿐 매일 비틀거렸다. 나는 지금도 비틀거린다. 비틀거리지 않는 젊음은 젊음도 아니다. 그것이 바로 성장통이기 때문이다."

「무릎팍도사」에서 강호동과 인터뷰를 하는 그녀를 봤다. 말이 아주 빠르고 잘 웃는다. 도저히 그 나이로 볼 수 없을 만큼 젊고 싱싱하다. 아마 하고 싶은 일을 하고, 사람들에게 사랑을 나누어 주고, 사람들의 사랑을 많이 받기 때문에 그런 것 같다. 그녀는 저잣거리의 법정 스님이란 생각이다. 가진 것은 별로 없지만 세상 모두를 가진 것으로 생각하고 험한 일을 하지만 가장 행복해 보인다. 혼자 살지만 세상 모든 사람과 같이 산다고 생각한다. 역시 인생이란 생각하기에 따라 달라지는 것 같다.

2.

행복은 항상 곁에 있다

지인 소개로 졸지에 주례를 보게 됐다. 신랑은 마흔둘, 신부는 서른여덟이다. 늦은 나이라 그런지 양가 분위기가 그렇게 좋을 수 없다. 주례 전 인사를 하는데 두 집 다 큰 숙제를 한 것 같아 너무 기쁘다고 소감을 밝힌다. 촛불 점화를 위해 두 집 어머님이 들어오는데 얼굴이 환하고 행복해 보인다. 섭섭함은 없고 홀가분함만 있다. 나 역시 그런 홀가분한 분위기를 말하면서 주례사를 시작했다.

"제가 결혼식장에 많이 다녀봤지만 오늘처럼 양가 모두 밝은 모습은 처음입니다. 섭섭함은 찾아볼 수가 없네요. 두 사람이 오늘 제대로 된 효도를 하고 있습니다."

다들 웃었다.

인생은 종종 당황스러울 수 있다

주례가 끝나고 플루트를 하는 여성이 축가 대신 연주를 한다. 별생각 없이 연주를 듣는데 간주 때 신랑 신부, 양가 부모, 심지어 내게까지 눈을 마주치며 인사를 한다. 내심 당황했다. 아니, 왜 인사를 하지? 나를 아나? 모든 행사가 끝나서 집에 가려는데 연주자가 내게 와 다시 인사를 한다. SERICEO를 통해 자주 보는데 여기서 만나게 되어 반갑다는 것이다. 꽤 적극적인 사람이라 몇 분간 그녀 얘기를 듣다 집에 가려고 엘리베이터 앞에 섰다. 근데 그녀도 거기 있는 것이다. 집에 가냐고 물어보자 점심을 먹으러 올라간다는 것이다.

마침 엘리베이터가 도착했고 내려가는 걸로 착각한 내가 올라타자 위로 올라가는 것이다. 도착해보니 식당이다. 밥 먹을 계획도 없고 식권도 없었기 때문에 다시 내려가려는데 그녀가 잽싸게 자기 식권을 주고 식권을 가지러 밑으로 내려갔다. 졸지에 당황스러운 시추에이션이 되었다. 꼼짝없이 모르는 사람과 밥을 먹어야 했다. 할 수 없이 자리를 잡고 그녀 자리를 잡아주고 음식을 담았다. 잠시 후 그녀가 왔고 옆에는 낯선 사람들이 줄줄이

앉기 시작했다.

언제 어디서든 축제의 장을 만들 수 있다

내가 주례를 봤기 때문에 옆에 앉은 사람들도 줄줄이 인사를 했다. "주례가 너무 재미있었어요. 마치 무슨 좋은 강의를 듣는 것 같았어요. 여기서 뵈니 너무 반가워요."라고 하며 인사를 한다. 알고 보니 나와 축가를 한 사람 모두 내 지인이 소개한 사람들이었다. 내 옆에 앉은 부부는 지인의 남동생과 연이 있는 사람이었다. 남동생이 럭비 국가대표인데 럭비에 입문시킨 사람이었다. 세 사람 다 집이 익산에 있다. 얘기를 나누다 보니 다 연결이 됐다. 소주를 마시면서 거의 한 시간 정도 얘기를 나눴다. 나중에는 셀카를 찍고 명함까지 교환했다. 참으로 즐거운 시간을 보냈다. 익숙하진 않지만 낯설어서 편한 측면도 많았다. 나중에 인사 온 신랑과 신부가 우리끼리 웃고 떠드는 걸 보고 어떻게 된 일인지 묻기까지 했다.

내 원래 계획은 심플했다. 딱 주례만 보고 바로 집에 오기였다. 근데 본의 아니게 축가를 한 사람은 물론이고 하객 부부와 한 시간 이상을 웃고 떠들게 된 것이다. 의도하지는 않았지만 짧은 시간이나마 행복한 시간이었다. 인생은 축제와 같다. 언제 어디서든지 마음만 먹으면 축제의 장으로 바꿀 수 있다는 걸 그날 배웠다.

3.

행복 모드로 바꾸는 것은 쉽다

인생이 고달픈 것이 아니라 피곤할 뿐이다

"에잇, 다시는 목욕을 하지 말아야지."

혹시 목욕하고 나오면서 인상을 잔뜩 쓰고 나오는 사람을 본 적이 있는가? 가장 적은 비용으로 가장 기분이 좋아지는 방법은 무엇일까? 내 경우는 사우나에서 30분간 목욕을 하는 것이다. 기분이 안 좋은 이유 중 많은 경우는 육체적으로 피곤하기 때문이다. 육체적 피곤함 때문에 인생살이가 고달픈 것처럼 생각되는 경우가 많다.

스트레스받을 땐 운동을 하고 땀을 흘리자

인간은 동물이기 때문에 육체와 정신 사이의 균형이 필요하다. 주경야독晝耕夜讀은 그런 균형을 강조한 고사성어다. 낮에 일을 하고 움직이니 머리가 맑아져 밤에 공부가 잘된다는 의미다. 스트레스로 몸이 찌뿌둥할 때 침대에 눕는 것보다 조깅하거나 격렬한 운동을 하고 땀을 흠뻑 흘리면 기분이 새로워진다. 육체적으로 건강하면 정신도 건강하게 되는 것이다.

4.

행복해지는 데 이유는 필요 없다

행복한가? 만일 그렇지 않다면 왜 그런가? 돈이 없어서, 매출이 줄어서, 직원들이 속을 썩여서 행복하지 않다? 그러면 돈이 생기고 매출이 오르고 직원들이 말을 잘 들으면 행복해질까? 그렇지 않을 것이다. 무슨 이유로 행복한 사람은 그 이유가 사라지면 행복도 사라진다.

최고의 행복은 이유 없이 행복한 것이다. 뭔가 좋은 일이 있어 행복한 것이 아니라 아무 이유 없이 행복한 것이 진짜 행복이다. 만약 한국 축구가 월드컵 4강에 출전해야 행복하고, 내가 가진 주식이 올라야 행복하고, 승진해야 행복하고, 상사가 맘에 들어야 행복하다면 행복할 일보다는 불행할 일이 많을 것이다. 그럼 어떻게 해야 행복해질 수 있을까?

우선 행복의 디폴트값을 올려야 한다. 사람은 저마다 일정한 행복 수준(행복의 디폴트값)을 갖고 있다. 늘 정해진 행복의 디폴트값으로 되돌아가려 한다. 복권에 당첨되거나 사고를 당할 때도 마찬가지다. 배우자를 잃은 경우, 장기간의 실직이나 극도의 빈곤 같은 경우를 제외하면 대체로 일정한 행복 수준으로 되돌아간다. 디폴트값의 반은 유전이며 반은 후천적으로 만들어진다. 후천적인 부분은 얼마든지 끌어올릴 수 있다.

내면에 이유 없이 행복한 삶을 살 능력을 이미 갖추고 있다. 그것을 올려줄 습관을 익히면 된다. 행복한 사람은 자신을 확대하는 생각과 감정과 행동을 선택한다. 행복의 디폴트값을 올리는 건 에너지 확대, 즉 행복, 사랑, 낙관주의 흐름, 수용, 활기, 안락, 번영, 연결감, 좋은 기분 등과 관련 있다. 이를 위해서는 내면의 GPS에 자주 의존해야 한다. 선택의 순간에 어떤 선택이 더 가볍고 열린 느낌과 확대된 느낌을 주는지 생각해야 한다.

지금 일어난 일에 저항하지 않는다

행복한 사람은 나쁜 일이 벌어질 때조차 "이것은 나를 궁극적으로 지원하기 위해 일어난 거야."라고 해석한다. 우주가 나를 돕는다고 생각하면 지금 일어나는 일에 저항하지 않는다. 많은 사람은 분노를 표출하고 삶에 저항하는 데 엄청난 에너지를 낭비한다. 어떤 일이든 일어난 이유가 있다고 믿고 현상을 받아들이면 효과적으로 대처할 수 있다.

그냥 좋은 것이 가장 좋은 것이다. 무슨 이유 때문에 좋은 것은 그 이유가 사라지면 같이 사라지기 때문이다. 이유 없는 행복은 다음과 같다. 가볍고 자유롭게 흐르는 기분을 느끼는 것, 생기가 넘치는 기분을 느끼는 것, 자유롭게 개방적인 마음을 갖는 것, 자신과 타인에 대한 사랑과 동정을 느끼는 것, 자기 삶과 목표에 대해 열정을 갖는 것, 감사와 용서의 감정을 느끼는 것, 평화로운 삶을 느끼는 것, 현재에 충실한 것 등등. 여러분은 어떤가?

행복한 사람은 자신이 행복해지는 능력을 지녔다는 걸 의심하지 않는다. 행복은 자신에게 달려 있다는 사실을 명확히 알고 있다. 삶의 조건이 완벽해질 때까지 기다리거나 행운을 잡기 위해 행복을 미루지도 않는다. 행복의 주인이 된다는 것은 다음 두 가지를 의미한다. 첫째, 행복은 나에게 달려 있다는 사실을 인정한다. 습관을 바꿈으로써 더 행복해지는 능력과 힘이 내게 존재한다는 사실을 인정한다. 둘째, 반응 능력을 갖춘다. 똑같은 교통 체증 속에서도 사람들의 반응은 천차만별이다. 어떤 사람은 짜증을 부리지만 어떤 사람은 노래를 들으며 온몸을 흔들면서 즐거워한다.

몸이 하는 소리에 귀를 기울여야 한다

바닷가 호텔은 바다를 보느냐 아니면 육지를 보느냐에 따라 가격이 달라진다. 인간도 그렇다. 인생의 어느 쪽을 보느냐에 따라 삶의 질이 달라진다. 불행한 사람은 부정 편향이 있다. 부정 편향이란 긍정적 경험보다는 부정적 경험에 집착하는 경향이다. 부정적 경험은 벨크로(일명 찍찍이)처럼 우리에게 착 달라붙지만, 긍정적 경험은 테플론처럼 말끔하게 떨어져 나간다. 강의를 다니다 보면 강연을 열심히 듣는 아흔아홉 명보다는 삐딱한 한 명 때문에 신경이 쓰이고 기분이 상한다. 참 이상한 일이다. 삶도 그렇다. 불행한 일 한 가지보다는 행복한 일 아흔아홉 가지를 생각하면 된다. 자주 다니면 길이 만들어지듯이 행복도 습관이다. 불행한 면을 보느냐 아니면 행복한 면을 보느냐도 일종의 습관이다.

행복은 감사, 용서, 자애의 실천이다. 행복해진 후 감사하는 것이 아니라 감사하면 행복해진다. 매일 감사할 일을 찾아 기록하고 되새겨보라. 불행한 한 가지 이유를 찾지 말고 행복한 천

가지 이유를 찾아라. 용서도 중요하다. 용서는 사랑의 가장 존귀하고 아름다운 형태다. 우리는 용서의 대가로 큰 평화와 행복을 얻을 수 있다. 용서는 자신을 치유하고 자신의 힘을 되찾는 행동이다. 자애도 중요하다. 타인의 삶에 빛을 비추는 사람은 자신도 모르는 사이에 자신의 인생에 빛이 들어오는 것을 알 수 있다. 남을 돕는 사람이 사실은 가장 큰 도움을 받는다. 하늘은 스스로 돕는 자를 돕는 것이 아니라 남을 돕는 자를 돕는다.

무엇보다 간과하기 쉬운 것은 육체에 관한 것이다. 몸이 하는 소리에 귀를 기울여야 한다. 몸은 정직하다. 몸은 쉬라고, 물을 달라고, 목욕하라고, 운동을 하라고 속삭인다. 하지만 많은 사람은 몸이 하는 말을 무시한다. 잠도 소중하다. 돈이나 결혼생활보다 수면의 질이 행복에 더 큰 영향을 미친다. 자정 전 한 시간 수면은 자정 이후 두 시간 수면과 같은 가치가 있다. 사흘 연속 열시 이전에 잠자리에만 들어도 변화를 느낄 수 있다.

5.

발밑의 행복부터 주워 담아라[*]

발밑의 행복

(틱낫한)

행복이 찾아오는 길은 여러 갈래요

그 표정 또한 각양각색이다

그럼에도 불구하고 사람들은

이러저러한 조건과 한계를 붙여가며

행복을 고르고 있다

그래서 설사 행복이 곁에 다가오더라도

---

[*] 김보경

결코 그 행복을 눈치채지 못한다

네모라는 행복을 꿈꾸는 당신에게

지금 곁에 다가와 있는 동그란 행복의 미소가

보일 리 없는 것이다

그대의 삶에 힘을 갖고 싶다면

지금 발밑에 떨어져 있는 그 행복부터 주워 담아라

삶에서 마이너스할 것은 없다

"얼마나 행복하세요? 1부터 10까지 있는데 숫자가 높을수록 행복지수가 높아요."

몇 년 전 일이다. 큰아이가 유치원에 다니고 작은아이가 두 돌이 채 되지 않았을 때다. 잘 기억은 안 나지만 인구 관련 조사하는 분이 방문했다. 이것저것 물어보았는데 행복지수를 체크하는 부분이 있었다. 난 주저 없이 "10이요."라고 대답했다. 조사원은 깜짝 놀라면서 10으로 대답한 사람은 처음이라고 했다. 산후우울증을 호소해야 할 젊은 새댁이 헝클어진 머리로 그런 대답을 하니 더 놀랐던 것 같다.

"그래요?" 무의식적으로 반문을 하고 생각했다. '10이 아니면 뭐지? 9나 8이라면 -1, -2가 있다는 뜻인데 도대체 내 삶에 마이너스할 게 무어란 말인가?'라는 생각이 들었다. 추운 겨울 비바람을 피할 집이 있고(전세였지만 전셋집이라도 있지 않은가!), 부엌에는 쌀이 두둑하며 건강한 남편과 토끼 같은 자식들이 있다. 도대체 무엇을 마이너스해야 할지 몰랐다.

조사원은 남편도 설문지를 작성해야 하니 주말에 다시 오겠다고 했다. 주말에 남편도 같은 질문을 받았다. 남편에게 물어보니 남편도 주저 없이 행복지수를 10이라고 대답했다고 한다. 이유를 물어보니 나와 비슷했다. 여기서 더 바랄 게 없다는 것이 이유였다. 그날 깨달았다. 생각보다 난 소박한 사람인 것을. 현재 내가 추구하는 완벽한 하루는 이렇다. 아이들이 기상한다. 꼬물거리며 일어나는 모습은 언제 봐도 귀엽다. 살아 있는 생명체를 내가 창조했다니! 볼수록 신기하다. 아이들이 학교에 가면 이제부터 나만의 시간이다. 가족이 소중한 건 틀림없지만 나만의 시간과 공간은 필수다. 그래야 하교하는 아이들도 더 기다려진다.

일분일초 소중함을 느끼고 사랑을 나눈다

나는 오전 시간에 운동하러 가지 않는다. 예전에는 오전에 운동하러 갔다. 그런데 오전에 운동하면 앞뒤 시간이 애매해져서 어딘가 집중하기 어려웠다. 흐지부지 시간이 흐르고 금세 작은 아이가 하교한다. 오전에는 내가 좋아하는 사람과 약속을 잡거나 책을 읽거나 글을 쓴다. 무언가 한 게 있다고 생각되는 일을 오전에 한다. 그래야 하루가 보람차다. 오후는 아이들과 오롯이 같이 시간을 보낸다. 옆에 있을 때 일분일초 충실히 소중함을 느끼고 사랑을 나누고 싶다. 아이들이 독립하고 난 후에 허전하네 마네 연락이 있느니 없느니 그런 헛소리는 하고 싶지 않다.

저녁이 되면 남편이 퇴근한다. 집에서 남편과 한잔하거나 넷플릭스를 같이 보다 잠든다. 매주 토요일 밤에는 남편과 밖에서 단란한 데이트를 한다. 큰아이가 3학년일 때부터 둘이 외출하기 시작했다. 동네에 단골집도 몇 군데 있다. 단골집에 가면 항상 기분이 좋다. 사장님 농담도 재미있고 서비스도 기쁨이다. 단골집의 따스함은 마음을 풍요롭게 한다. 집에 오면 아이들이 자고 있다. 한 침대 위에 서로 다리를 올려놓고 자는 모습을 보면 저절로 입가에 미소가 지어진다. 자기 전 숙취해소 음료와 비타민 C를 섭취하고 잠자리에 든다. 내일도 오늘만큼 소중하여서 절대 빠뜨리지 않는다. 쓰고 보니 한량 같아 웃음이 나온다. 그런데 이게 정말 나의 완벽한 하루다.

언젠가 큰아이에게 결혼할 거냐고 물어본 적 있다. 큰아이가 당연하다면서 하는 말이 "나도 엄마 아빠처럼 재미있게 살 거야."였다. 밤마다 놀러 나가는 우리가 부러웠나 보다. 아이 눈에 부모의 삶이 행복하게 비치는 걸 보니, 나는 완벽한 하루를 매일 매일 충실히 보내고 있다고 자부하고 싶다.

행복이 타인에 의해 좌우되어서는 안 된다

새벽 네 시부터 알람이 울린다. 내 알람이 아니고 남편 알람이다. 어젯밤 열 시에 같이 누우면서 "나 내일 네 시에 일어날 거야!"라고 소리치더니 그 알람인가 보다. 잠귀가 어두운 남편은 인사불성이다. 예민한 나만 눈을 번쩍 떴다. 새벽 한 시에 한 차례 분유를 먹고 잔 아기가 또 배고픈지 낑낑댄다. 아기 뒤척임에 이미 반쯤 깨어 있었는데 남편 알람까지 울리니 잠이 완전히 깨 버렸다. 남편은 계속 누워서 알람만 끄고 있고 나만 결국 일어나 나왔다. 나의 소중한 한 시간. 발로 걷어차고 싶은 걸 간신히 참았다.

처음에는 짜증이 몰려왔다. '안 그래도 수면 부족으로 허덕이는 나를 이렇게 꼭 잠 못 자게 해야 해?!' 남편이 일어나면 쏘아붙일 요량으로 인상을 팍 쓰고 기다렸다. 잠시 후 남편이 나왔다. 도대체 일어나지도 않을 거면서 알람은 왜 해놨냐며 한마디 내뱉었다. 남편은 묵묵부답이었다. 아차 싶었다. 아침부터 바가지 긁는 소리를 누가 좋아할까. 일부러 그런 것도 아닐 텐데. 생각을 고쳐먹고 "다른 방법을 찾아보는 게 좋을 것 같아."라고 드라이하게 마무리했다. 여전히 남편은 아무 말이 없다. 민망하고 미안할수록 더 말을 안 하는 남자다.

노트북을 펼쳐 글사세 문우의 글을 읽었다. 내가 생각하는 완벽한 하루. 매일 주어지는 똑같은 일상을 행복으로 채워가는 내용이었다. 나는 어떨까? 내 행복지수는 몇 점일까? 꽤 행복한 듯하면서도 하루에도 몇 번씩 들쭉날쭉하다. 남편이 설거지를 해주면 10점, 안 해주면 1점, 남편이 아이들과 놀아주면 10점, 저녁 약속이 있다고 하면 1점. 내 행복의 끈을 남편이 쥐고 있는 꼴이다.

회사 다닐 때는 상사에게 많이 좌우되었다. 어떤 팀장을 만나느냐에 따라 행복지수가 달라졌다. 상당히 독립적이고 주체적이라고 스스로 자부해왔다. 이런 내 모습을 마주하니 당황스럽다. 나는 대체 어떤 하루를 원하는 걸까? 남편이 하루 종일 집에서 아이들 봐주고, 설거지해주고, 그러면서도 의지에 불타 자기계발에 힘쓰고, 돈도 잘 벌어오는 슈퍼맨이라면 행복할까? 하지만 그건 남편 몫이지 내 몫이 아니다. 내가 살아 숨쉬는 하루, 내 몸을 움직여 스스로 만들어가는 하루가 진짜 내 것이다. 지금 내 삶 속에서 '완벽'이라 칭할 수 있는 요소들을 엮어 나만의 완벽한 하루를 한 번 만들어본다.

새벽 네 시 반에 일어난다. 감사 기도를 마친 후 거실로 나간다. 간단하게 스트레칭하고 글을 쓰기 시작한다. 다행히 아이들이 깨기 전 글을 기막히게 마무리했다. 푹 잘 잔 아이들이 기분 좋게 일어난다. 땡땡 부은 얼굴들이 귀엽다. 재잘거리며 간식도 먹고 옷을 갈아입고 어린이집에 간다. 가는 차 안에서 큰아이가 목청껏 노래를 부른다. 둘째는 그 소리를 들으며 좋아한다. 둘을 어린이집에 들여보내고 좋아하는 카페로 간다. 아이스라테를 마시며 책을 읽는다. 좋은 구절이 눈에 띄어 필사도 하고 아침에 쓴 글을 조금 고쳐보기도 한다. 점심에는 친한 회사 선배를 만나 밥을 먹으며 이야기를 나눈다. 회사 사정도 듣고 복직 후 계획도 상의한다. 언제나 나에게 꼭 필요한 조언을 아끼지 않는 선배를 만나는 시간이 즐겁다.

오후에는 운동한다. 요즘 1만 보는 기본이다. 약속 없는 날은 집 앞 헬스장, 오늘처럼 약속이 있는 날은 회사 근처 월드컵 공원을 달린다. 산책과 운동을 마치고 네 시쯤 아이들을 데리러 간다. 세상에서 가장 예쁜 얼굴로 엄마를 반겨주는 아이들을 보는 게 하루 중 가장 행복하다. 집에 오면 다섯 시. 집 앞 놀이터에서 같이 뛰어논다. 놀이터에서 동네 언니를 만났다. 오늘은 언니네가 우리 집에 와서 저녁을 먹기로 했다. 메뉴는 주먹밥이다. 조물조물 대충 김에 묻혀서 냈더니 다들 너무 잘 먹는다. 마침 어묵이 있어서 어묵탕까지 끓이니 분식집이 따로 없다. 남편이 퇴근한다. 아이들을 씻기고 책을 몇 권 읽어준 뒤 잠자리에 든다. 아홉 시 반이다. 내일 뭘 입을지, 뭘 하고 싶은지를 속삭이며 꿈나라로 간다.

신기한 일이다. 완벽한 하루를 떠올리는 내내 슈퍼맨 남편은 전혀 생각나지 않았다. 어딘가 신나게 놀러 가는 완벽한 주말 대신 평일의 어느 하루를 떠올렸다. 내 완벽한 하루가 현실과 가까이 있다는 사실이 기쁘다. 진짜 행복은 역시 내가 만들어가는 소소한 일상에서 찾아온다는 것을 다시금 깨닫는다. 이 완벽한 하루에는 조건이 있다. 하나는 하루를 기분 좋게 시작하는 것이다. 몇 시에 눈을 뜨든 그 자리에서 감사 기도를 드린다. 피곤하면 늦잠을 잘 수도 있다. 아기 때문에 새벽에 깰 수도 있다. 어쨌든 눈뜰 수 있음에 감사하자. 그것이 내 하루의 에너지를 충만하게 채워줄 것이다. 또 하나는 할 일 목록에 얽매이지 않는 것이다. 늘 해야 하는 것들에 치여 사는 것이 습관이 되어 있는 나는 내려놓는 것이 큰 숙제다. 일부러 내려놓으려 하지 말자. 뭔가를 더 하려고도 하지 말자. 꼭 해야 하는 것들 - 글쓰기, 독서, 운동, 아이들과의 시간 - 을 루틴으로 만들고 나머지는 물 흐르듯 내버려두자.

다시 오늘 아침으로 돌아와 본다. "알람은 도대체 왜 해놓은 거야!" 대신 "일찍 깨워줘서 고마워."로 하루를 시작했다면 어땠을까? 행복의 끈은 내 손에 있다. 그것이 완벽한 하루를 가능하게 하는 출발점이다. 내 하루는 내가 만드는 것이다.

6.

곳곳에서 행복을 발견하고 음미하라

난 나름 일상을 잘 즐기는 편이다. 틈틈이 곳곳에서 행복을 발견하고 이를 음미한다. 그런 의미에서 내 일기의 일부분을 공개한다.

혼자 마음껏 걸어다닐 수 있는 것도 좋다

2019. 2. 20.

오랜만에 눈이 제법 온다. 오전에 운동하고 오후에 모 그룹 신임 임원들과 네 시간 동안 워크숍을 진행했다. 중간에 친절사에 가서 화영이가 사준 안경테를 맡겼다. 혼자 식사를 하고 싶어 남대문 허름한 식당에서 칼국수를 먹고 앞에서 호떡 하나를 사 먹었는데 그렇게 행복할 수 없다. 눈이 오는 날씨, 맛있는 식사와 호떡, 일이 있다는 사실과 지금은 혼자 마음껏 걸어 다닐 수 있다는 사실이 참 좋다. 이 그룹은 처음인데 매우 인간적인 회사다. 인간의 존엄과 자존감이 가치관이다. 함부로 사람을 자르는 일도 없고 쓸데없이 알려지는 것도 싫어한다고 한다.

끝나고 집에 와 혼자 「7월 22일」이란 영화를 봤다. 노르웨이에서 일어난 테러 사건에 관한 영화다. 한 극우파 청년이 총리 공관 앞에 폭탄을 터트리고 우퇴위아섬에서 청소년 69명을 무차별적으로 죽인 사건이다. 노르웨이 사람들이 사건을 다루는 방식, 표정, 반응이 인상적이다. 그들은 흥분하지 않는다. 범인도 인간적으로 대한다. 총리가 제대로 대응하지 못했다고 사과하자 시민 중 한 사람이 그건 총리의 잘못이 아니라 테러범의 잘못이라고 위로한다. 선진국은 다른 것 같다.

이 시간, 이 공간, 이 음악, 그리고 나 자신도 좋다
2019. 3. 6.

오랜만에 강의 없는 이틀을 보냈다. 운동을 하고 아내와 함께 여권 갱신을 했다. 10년간은 이 여권으로 여행해야 한다. 2029년까지인데 지금 보면 까마득해 보인다. 과연 그날이 오기는 올

까? 그때까지 살 수 있을까? 한 번도 해보지 않은 생각이다. 화영이가 미국에 가니 자주 미국에 가겠지? 사외이사 갱신 건으로 주민등록초본과 인감을 뗀 후 압구정 현대백화점에 갔다. 오랜만에 오니 새로운 곳이 많다.

화영이를 기다려 설렁탕을 먹고 내가 좋아하는 밀밭에서 팥빙수를 먹었다. 화영이가 여러 얘기를 내게 한다. 시동생이 취직한 얘기, 경제적으로 도움 준 얘기, 주원이 얘기 등등…… 난 지금이 정말 좋다. 지금 이 시간, 이 공간, 이 음악, 마시는 차 한잔, 내가 지금 하는 일들, 지금의 나 자신도 맘에 든다. 아내와 자식들도 모두 좋다. 내가 꿈꾸던 삶을 살게 되어 너무 기쁘다. 난 내가 이렇게 잘살게 될지 몰랐다.

천국 같은 가정을 만들고 싶었고 이룬 것 같다
2019. 3. 8.

오늘은 미세먼지가 보통이다. 좀 쌀쌀하지만 오랜만에 하늘이 맑아 좋다. 지연이가 보너스를 탔다고 이태원에서 밥을 산단다. 난 오전에 운동하고 이태원을 가 부자피자라는 곳에서 식사했다. 식사 후에는 맥심플랜트에서 차를 마시며 한담을 나누었다. 전날도 지연이가 휴가라 다들 한우만에서 밥을 먹었는데 이틀

연속 딸들과 식사를 했다. 결혼은 했지만 결혼 전과 달라진 게 별로 없다. 아니, 오히려 더 자주 보는 것 같다. 세상에 우리 집처럼 끈끈하게 자주 모여 노는 집은 없으리라. 참 흐뭇한 일이다.

어린 시절 부모가 늘 싸우는 모습에 질렸던 난 정말 천국 같은 가정을 만들고 싶었는데 어느 정도 그 꿈을 이룬 것 같다. 집에 와서 좀 쉬려는데 아내가 주원이 바람 좀 쐬어주자고 전화했다. 당근 예스라고 답했다. 미세먼지 때문에 그동안 호기심 많은 애를 너무 집에 가둬놨다. 천사를 안고 공원에서 노는데 그렇게 기쁠 수 없다.

새벽 새소리가 듣기 좋아 천국 같다

2019. 6. 22.

아내와 둘이 요나고米子란 곳엘 놀러 왔다. 오사카와 히로시마 중간쯤에 있는 작은 마을인데 온천으로 유명한 곳이다. 이번엔 자유여행이다. 요나고 공항에서 국철을 타고 요나고역으로 이동하는데 비가 억수같이 퍼붓는다. 원래 역 주변 라멘집을 가려고 했는데 포기하고 그곳에서 우동과 카레로 간단히 점심을 때우고 다마쓰쿠리玉造 온천으로 갔다. 택시를 타고 가서 호텔 대신 료칸에서 묵는데 서비스가 기막히다. 한 사람이 들러붙어 온갖 시중을 든다.

체크아웃 시간 동안 동네를 둘러봤다. 작지만 정결하고 품위가 있다. 현수막도 없고 조용하지만 있을 건 다 있다. 대중탕을들어가니 나밖에 없다. 물이 깨끗해 피부에 좋다는데 맞는 것 같다. 낮엔 피곤해 책을 읽고 저녁엔 가이세키를 먹는데 이 역시예술이다. 자잘한 것들이 코스로 나오는데 맛도 있지만 보기에도 좋다. 촌이지만 제법 많은 일본인이 있다. 한국인은 없다. 저녁엔 맨 꼭대기 층에 있는 로텐부로에 갔는데 이곳 역시 사람이한 명도 없다. 이런 식의 여행도 나름의 맛이 있다. 온천을 하다쉬다 먹고 책도 읽고 낮잠도 자고. 새벽에 일어났는데 새소리가어쩌나 듣기 좋은지 천국이 따로 없다.

인생을 즐기는 데 자유여행이 필요하다

2019. 6. 23.

오늘은 유시엔 정원과 아다치 미술관 두 개가 목표다. 시간이되면 이온백화점에 들러 주원이 선물을 몇 개 사야 한다. 자유여행은 늘 변수가 생기는 게 묘미다. JR을 타고 산 넘고 물 건너 유시엔이 있다는 사카이미나토역까지 왔는데 셔틀이 11시 50분이나 되어야 있단다. 택시를 타기로 했는데 기사로부터 의외의 정보를 얻었다. 여기서 우리가 목표로 하는 마쓰에까지 가는 버스가 있고 시간도 얼마 걸리지 않는다는 것이다. 사실 이곳까지 이렇게 빙빙 돌아올 이유가 없었는데……. 유시엔은 모란꽃으로 유명한 아름다운 정원이 있는 곳이다.

여기저기 구경을 하는데 정신이 다 혼미할 지경이었다. 12시 11분에 버스가 있어서 차도 마시면서 우아하게 구경했다. 정원 바로 옆에 있는 찻집인데 나중에 천국 설계에 이곳도 넣어야겠다고 생각했다. 우연히 콘페이도(별사탕)를 발견했다. 버스를 탔다. 정말 금방이다. 다음에 간 곳은 아다치 미술관이다. 유시엔도 좋다고 했는데 정원은 이곳이 한 수 위다. 수년간 일본에서 가장 아름다운 정원 1등을 했단다. 모래와 잔디의 조화가 예술이다. 봄, 여름, 가을, 겨울 사진을 걸었는데 사계절 모두 좋다. 근데 시간에 쫓겨 제대로 구경 못 하고 대충 보고 나와 아쉽다.

우리에겐 백화점에서 주원이 선물을 사는 게 급했다. 여행하면 같은 하루지만 시간의 밀도가 완전히 다르다. 정말 인생을 잘 즐기기 위해서는 가끔 이런 자유여행이 필요한 것 같다.

여행은 돌아올 곳이 있을 때 더 좋다

2019. 6. 24.

딱 3일을 갔다 왔지만 한 주는 지난 것 같다. 책을 다섯 권 가져왔는데 여행 중 다 읽었다. 『대항해시대의 탄생』은 첫날 읽었다. 『영어책 한 권 외워봤니?』 『질문이 답을 바꾼다』 『유튜브 호민상의 일본이야기 1』, 이근후 씨의 신간 등은 틈틈이 모두 읽었다. 엄청난 생산성이다. 왜 그렇게 여행을 가면 책이 잘 읽힐까? 거의 빛의 속도로 읽히는 이유가 뭘까? 다른 할 일이 없고 방해 요인이 없기 때문이 아닐까?

집에 도착해 라면 하나를 끓여 먹는데 주원이가 의기양양한 태도로 도착했다. 아내가 주원이를 데리고 한복 사진을 찍는다고 운현궁엘 갔다 오는 길이란다. 여행에서 가장 좋은 건 집으로 돌아오는 것이다. 만약 돌아올 곳이 없다면 그건 여행이 아니다. 방랑이다. 여행은 돌아올 곳이 있어서 더 좋다. 그래서 늘 마지막으로 하는 말이 있다.

"역시 집이 최고야."

7.

행복은 공부하는 과정에도 있다

꼬알여사와 공사세를 시작했다. 공사세는 '공부하는 사람이 세상을 바꾼다.'라는 말인데 공부의 입문 과정에 해당한다. 별다른 제약 조건이 없고 정해진 책을 읽고 오면 된다. 내가 쓴 책 중 네 권을 읽고 거기에 대해 얘기를 나눈다. 내 책만 하면 허전하니까 책마다 참고서적을 한두 권 추천해 시간이 되는 사람들은 읽고 오게끔 했다.

공부하는 사람들 사이에는 촛불이 켜진다

1기 때와는 달리 2기 때는 사람들이 많아져 반을 셋으로 나눴다. 주중에 모이는 주중반, 직장인을 위한 주말반, 지방이나 오프

라인 참석이 어려운 사람을 위한 온라인반이다. 어제는 패스트 파이브에서 공사세 2기 주중 첫 모임을 했다. 시간 절약을 위해 게시판에 미리 자기소개를 하게 했다. 그 덕분에 참석자들이 왜 왔는지는 대강 알 수 있었다.

막상 가보니 정말 다양한 사람들이 왔다. 소개서에서 본 것과 실제 보면 느낌이 다르다. 자기 돈과 시간을 들여 공부하는 사람들은 확실히 다르다. 생전 책 한 줄 읽지 않는 사람들에게서는 볼 수 없는 아우라 같은 게 있다. 딸까지 데리고 온 네일숍 원장, 멀리 철원에서 온 책 편집자, 휴직 중인 고등학교 수학 교사가 있었고 대기업에서 마케팅하는 사람은 만삭의 몸으로 왔다. 돌 지난 아들까지 애 셋을 둔 휴직 중인 아기 엄마, 30년 이상 무용을 한 사람, 원주에서 건강 관련 일을 하는 사람, 대기업 병원에서 일하는 사람, 애완동물 관련 일을 하는 사람, 초등학교 교사, 헤드헌터, 약사, 마케팅과 기획 일을 하는 사람, 미라클 베드타임을 운영하는 뮤직 멘토까지 그렇게 다양할 수 없다.

어디서나 그렇지만 이번에도 여성들이 압도적으로 많다. 남성은 단 두 사람뿐이다. 원래는 열 시부터 시작인데 난 아홉 시부터 가서 일찍 오는 사람들과 얘기를 나눴다. 참 다양한 사람들이 다양한 경로를 통해 왔다. 내 책을 보고 온 사람, 다독다독이나 월급쟁이부자 같은 팟캐스트를 듣고 온 사람, 신사임당과 김미경TV에 출연한 걸 보고 온 사람, 친구 따라온 사람, 이미 몇 번 나와 공부 모임을 한 사람까지 정말 다양했다. 시작 전 나눈 짧은 인사와 대화이지만 두 사람 사이에 뭔가 촛불이 켜진 느낌이다. 가슴이 따뜻해지면서 지적 호기심에 불이 붙는 기분이다. 난 분위기 자체로 이미 행복하다. 다른 곳에서는 맛볼 수 없는 감정이다.

이들은 공부에 목마른 사람들이다. 변화를 갈구하는 사람들이다. 뭔가 변화를 하고 싶은데 방향을 못 찾거나 방법을 못 찾은 사람들이다. 이미 공부에 중독된 사람도 있다. 계속 공부를 하고 싶은 것이다. 간단히 자기소개 후 글사세 1기 허지영 씨가 15분 동안 강의를 했다. 공부하면서 바뀐 자기 인생에 관한 얘기다. 그녀는 글을 쓰면서 가장 크게 변화한 사람 중 하나다. 대강의 내용은 이렇다.

'성악을 전공했고 유학하러 갔는데 공부도 제대로 못 하고 몸만 망가진 상태로 돌아왔고 결혼 후 애 둘을 낳고 가정주부로만 10년간 살았습니다. 내 인생을 찾고 싶어 늘 어딘가를 찾아 헤맸습니다. 자신을 스스로 다그치고 그 과정에서 상처를 많이 받았습니다. 여러 공부를 하고 많은 사람을 만났지만 뭔가 허전하고 답이 아니란 생각을 했습니다. 근데 글을 쓰면서 방향을 찾았습니다. 공부하면서 새로운 인생을 알게 됐고 덕분에 지금은 충만합니다. 살면서 이렇게 평화롭고 행복한 적은 없었던 거 같습니다. 심플하게 살고 싶습니다. 앞으로도 이렇게 하고 싶은 공부를 하고 글을 쓰면서 살고 싶습니다.'

그녀의 강의는 최고였다. 큰 감동을 줬다. 웬만한 세바시 강의보다 훨씬 좋았다. 단기간에 사람이 이렇게 성장할 수 있다는 사실, 거기에 나도 조금은 영향을 주었다는 게 흐뭇했다.

천국은 함께 자발적으로 공부하는 곳이다

오늘은 내가 쓴 책 『몸이 먼저다』와 『루틴의 힘』을 읽고 거기에 관한 얘기를 주로 했다. 여기에서 공부는 강의와는 거리가 멀다. 난 강의 대신 퍼실리테이터 역할을 주로 한다. 발제하고 얘기를 끌어낸다. 중요한 건 한 명도 빼지 않고 발언 기회를 주는 것이다. 내가 하고 싶은 얘기는 이미 책 속에 있으므로 더 보탤 건 없다. 온갖 건강에 관한 얘기, 자기만의 노하우, 집안 얘기, 육아 얘기 등이 쏟아져 나왔다. 이런 걸 운영할 때 가장 중요한 건 독점 방지다. 내가 혼자 떠드는 일을 조심해야 한다. 대신 사람들에게 마이크와 발언권을 주고 난 열심히 듣는다. 중간중간 정리도 하고 추가 질문도 하고 어떨 때는 말을 끊어야 한다. 질문에 따라 나보다 전문성이 있는 분에게 답변을 부탁하기도 한다.

비인지 능력이란 개념을 알려준 김연수 님이 대표적이다. 그녀는 애 셋을 잘 키우는데 일찍 자는 것의 중요성을 터득해 이를 실천하고 이런 개념을 알리는 전도사 역할을 한다. 수면 얘기가 나오면 난 무조건 그녀에게 마이크를 넘긴다. 더 이상 잘 설명할수 없다. 약에 관한 얘기가 나오면 고수정 약사에게 마이크를 넘긴다. 처음 나온 사람들이 소외되면 절대 안 된다. 웃고 떠들면서 건강 관련 얘기를 나누다 보니 두 시간이 어떻게 흘렀는지 모른다.

점심을 위해 소호정이란 안동국시집으로 장소를 옮겼다. 사람이 많아 난 새로 온 사람 7명과 같이 앉고 다른 테이블은 꼬알여사가 앉아 밥을 먹었다. 모둠전에 막걸리를 한 잔씩 하면서 얘기를 나누는데 강의장과는 완전히 분위기가 다르다. 여기서는 사회자가 필요 없다. 알아서 얘기하고 질문하고 웃고 떠든다. 처음만난 사람들과 두 시간 만에 이렇게 장벽을 허물고 친해질 수 있다는 사실이 놀랍다. 어떻게 이런 일이 일어날 수 있을까? 바로 공부라는 주제 덕분이다. 같은 책을 읽고 공부하러 왔기 때문이다. 식사를 끝내고 집으로 돌아오면서 천국에 목록 하나를 추가

하기로 했다.

천국은 공부하는 곳이다. 억지로 하는 공부가 아니라 필요에 의한 자발적인 공부다. 혼자 공부하는 걸 넘어 배움을 다른 사람들과 나누는 곳, 나누다 때가 되면 같이 밥을 먹는 곳, 눈물이 나도록 웃고 떠드는 곳이 내가 생각하는 천국이다. 어제 난 그런 천국을 경험했다.

8.

아름다운 음악은 행복이다

난 1980년대 중반 5년간 미국에서 공부했다. 돈이 없어 5년 간 단 한 번도 한국엘 가지 못했다. 내게 그 5년은 철저한 단절의 시간이었다. 그 5년간 한국에서 어떤 일이 일어났는지 알 수 없었다. 당연히 한국 관련 신문이나 잡지가 너무 고팠다. 그러던 중 서울대학교 교수로 있는 곽승엽이 내가 공부하던 애크런대학교로 공부하러 왔다. 학과 후배라 며칠간 내가 그를 보살폈다. 집도 알아봐주고 밥도 먹여주고. 그때는 누구나 그렇게 했다.

그때 곽 교수가 선물로 이문세의 「사랑이 지나가면」이라는 CD를 줬다. 처음 들었던 그 순간을 잊지 못한다. 듣는 순간 무언가가 내 영혼을 밀고 들어왔다. 귀에 확 꽂혔다. 그렇게 좋을 수 없었다. 한국 가요에 목말랐던 내겐 특히 더 그랬다. 한국이 그리울 때면 난 이문세의 노래를 들었다. 원래도 이문세를 좋아했지만 이 노래를 듣고 난 후 정도가 심해졌다. 정말 수백 번은 들은 것 같다. 학교에서 지루한 실험을 할 때 늘 그 노래를 들었다. 지금도 그 노래를 들으면 애크런대학교의 교정, 실험실, 그때 친했던 친구들이 떠오른다. 노래는 그런 것이다.

노래를 부르는 동안 아름다워진다

유학을 마치고 자동차 회사에 다닐 때는 해외 출장이 잦았다. 한번은 도료에 문제가 있어 일본 도료 적용을 검토했다. 간사이 페인트란 회사인데 용건을 얘기하자 대환영이었다. 자동차 회사에서 자기 회사 도료에 관심을 둔다는 건 엄청난 일이었다. 그렇지 않아도 친절한 일본인들에게 물건까지 사러 온 난 귀인 중 귀인이라 그들의 환대는 대단했다. 공장 구경은 기본이고 식사에, 술에, 분에 넘치는 대접을 받았다. 문제는 가라오케였다. 노래를 불러야 하는데 아는 일본 노래가 없었다. 내심 일본 노래 몇 곡 정도는 연습해야겠다고 생각했다.

다음 날 그 회사 사람들과 동경 시내 어딘가를 가는데 우연히 어떤 노래가 귀에 쏙 들어왔다. 귀티가 흐르는 기름진 목소리였

다. 내가 좋아하는 캐나다 가수 앤 머레이와 비슷했다. 난 염치를 무릅쓰고 저 노래가 어떤 노래인지 알아봐달라고 부탁했다. 테레사 텡이란 대만 출신 가수이고 노래 제목은 「세월의 흐름에 몸을 맡긴다時の流れに身をまかせ」였다. 그 회사 직원이 CD 한 장을 선물로 줬고 난 테레사 텡의 노래에 빠져 살았다. 일본 출장 때는 노래방에서 늘 그 노래를 불렀다. 그녀가 세상을 떠났다는 소식을 들었을 때는 한동안 낙담의 시간을 보내기도 했다. 지금도 그녀의 노래를 들으면 일본을 다니던 시절이 생각난다.

1990년대 중반에는 단기 연수차 미시간대학교에 갔다. 그때는 이은미에게 빠져 지냈다. 가족들과 몇 달 앤아버에 있었는데 호수와 나무가 많은 조용하고 아름다운 동네였다. 우리들은 미시간대학교에 다니는 친구들을 '애나 봐'라고 놀렸다. '앤아버'와 '애나 봐'가 발음이 비슷하여서 만든 아재 개그다. 앤아버에서 내가 살던 오하이오 애크런까지는 7~8시간쯤 걸렸다. 사실 미국에서 그 정도 시간은 이웃이나 마찬가지다. 옛 친구들을 만나러 두어 번 갔는데 그때마다 이은미의 「기억 속으로」와 「어떤 그리움」을 반복해서 들었다. 수십 번은 들은 것 같다. 왜 그렇게 이은미 노래가 좋았는지 모른다. 지금도 이 노래를 들으면 미국의 앤아버와 애크런이 생각난다.

난 이문세의 광팬이다. 지인들과 노래방엘 가면 늘 이문세의 「광화문 연가」와 「옛사랑」을 기본으로 부른다. 기회가 더 오면 윤도현의 「가을 우체국 앞에서」와 「사랑 2」를 부른다. 왜 「광화문 연가」 같은 노래가 좋을까? 아마 광화문에 얽힌 추억 때문이리라. 경복고를 다닐 때 늘 광화문에서 버스를 갈아탔다. 당시 이곳은 젊은이들에게 최고의 핫플레이스였다.

때론 노래가 우리를 껴안아준다

한번은 손주 주원이와 방에서 노는데 내가 좋아하는 이문세 노래 「그때 내가 미처 하지 못했던 말」이란 노래가 나왔다. 가사는 대충 이렇다. "내 마음이 흐르는 곳에 진실이 닿은 그곳에, 내가 먼저 있을게, 내 사랑이 닿는 그곳에, 두 눈이 머무는 곳에, 항상 내가 있을게." 이상하게 그 가사가 내 가슴을 흔들었다. 문득 목에서 뭔가 뭉클한 것이 올라오고 눈시울이 뜨거워졌다. 지금도 그 노래를 들으면 눈물이 난다.

난 잔잔한 사랑 노래를 좋아한다. 서로를 그리워하는 그런 종류의 노래를 좋아한다. 그중 하나는 후지타 에미의 「히다마리노 우타ひだまりの詩」란 노래다. 우리말로 '양지의 노래'란 말이다. 대충의 가사다.

"만나지 못한 후로 시간이 얼마나 흘렀나요? 제가 보낸 편지가 오늘도 돌아왔네요. 창문가에서 흔들리는 어린잎처럼 긴 겨울 지나 이제야 깨달았어요. 당신이 말로 표현할 수 없을 정도로 나를 사랑해주었다는 것을. 당신은 내 모든 것을 감싸주었어요. 마치 햇빛이 잘 드는 양지 같았어요. 그대 덕분에 누군가를 사랑할 수 있게 되었어요. 넓은 하늘 아래 두 번 다시 만날 수 없지만. 당신은 나를 마음속 깊숙이 사랑해주었어요. 모든 것을 감싸주었어요. 마치 햇빛이 잘 드는 양지 같았어요."

가끔 길을 걷거나 카페에서 귀에 꽂히는 음악을 들으면 그렇게 행복할 수 없다. 난 아침에는 피아노곡에 맞춰 글을 쓰고 책을 읽는다. 한가한 오후에는 가요를 듣는다. 첼로곡도 좋아하고 파바로티나 조수미 노래도 좋아한다. 내게 때와 장소에 맞는 음악을 듣는 건 큰 기쁨이다. 물건에 대한 욕심은 별로 없지만 기회가 되면 아주 음질이 좋은 앰프와 스피커를 갖추는 것이 내 꿈이다.

9.

행복은 현재를 충만하게 살 때 있다

손자 주원이는 아침부터 행복하다. 그렇게 즐거울 수 없다. 일어나면서부터 노래를 흥얼거리고 덩실덩실 춤을 춘다. 완전히 해피 보이다. 무슨 특별한 일이 있어 그런 게 아니다. 아이에겐 삶 그 자체가 행복이다. 생활도 심플하다. 일찍 자고 일찍 일어나고 점심 후에는 꼭 한 시간 반씩 낮잠을 잔다. 무엇이든 잘 먹는다. 모든 것에 호기심이 많은데 특히 자동차를 좋아한다. 소방차, 덤프트럭, 경찰차, 굴착기, 크레인 등을 제일 좋아하는데 최근 하나가 더 생겼다. 바로 살수차다.

우연히 물을 뿌리는 살수차를 한 번 본 이후 사랑에 빠졌다. 그래서 "할아버지, 살수차 언제 와요? 지금 나가면 살수차 볼 수 있어요?"란 질문을 자주 던진다. 밥도 잘 먹지만 요구르트, 주스, 심지어 낫토까지 잘 먹는데 그중에서도 어린이용 비타민을 특히 좋아한다. 그네 타는 것도 좋아하고 무언가를 기어 올라가는 것도 좋아하고 책 보는 것도 좋아한다.

왜 조심으로 가득한 삶을 사는가

난 아이를 보면서 배운다. 아이가 어른의 스승이란 말을 이해할 수 있다. 아이가 어른보다 한 수 위란 생각을 한다. 우리 어른들은 도대체 뭐가 그렇게 불만일까? 왜 그렇게 불행할까? 왜 그렇게 걱정 근심으로 가득한 삶을 살고 있는 것일까? 도대체 언제 우리는 행복해질 수 있을까? 그런 날이 오기는 올까?

내가 생각하는 행복은 현재에 충실한 것이다. 지금 이 자리에 존재하는 것이다. 스마트폰 따위에 정신을 팔지 않고 여기에 최선을 다하는 것이다. 무엇이 여러분을 괴롭히는가? 대부분 과거나 미래에 뿌리를 두고 있는 것들이다. 과거에 일어난 일, 미래 일어날 것으로 예상하는 일이 힘들게 한다. 생각해보라. 과거란 무엇인가? 과거를 바꿀 수 있는가? 어찌할 수 없다. 과거는 과거일 뿐이다. 과거가 현재의 나를 좌지우지하게 둘 것인가? 그렇게 시간이 많은가? 그렇게 할 일이 없는가? 당장 과거로부터 탈출

하라. 과거에 사로잡혀 인생을 낭비하지 말지어다.

미래도 그렇다. 난 미래 예측을 잘 믿지 않는다. 앞으로 이러이러한 일이 일어나리라 예측해 먹고사는 사람들 얘기는 잘 듣지 않는다. 살아보지도 않은 사람이 무슨 근거로 그런 얘기를 하는지 거꾸로 묻고 싶다. 코로나19 때문에 전 세계가 고통을 받았다. 이를 예측한 사람은 없다. 그 많은 미래학자는 도대체 무엇을 하고 있었는지 묻고 싶다. 미래는 아무도 모른다. 대충 짐작은 할 수 있지만 정확하지 않다. 미래를 예측할 시간에 현재를 충실하게 살아라. 미래는 당신 기대와 완전히 다른 식으로 전개될 수 있다.

지금 이 순간 사람과 일에 최선을 다하자

난 현재만을 믿는다. 지금에 충실한 것, 지금 하는 일에 최선을 다하는 것, 주변 사람들에게 선을 베푸는 것, 나 자신을 끊임없이 갈고닦아 조금이라도 나은 나를 만드는 것, 이게 가장 가치 있는 일이다. 그 외에 내가 할 수 있는 일은 별로 없다. 난 과거에 사로잡혀 현재를 낭비하고 싶지 않다. 일어나지도 않을 미래 때문에 현재를 걱정하면서 보내고 싶지도 않다. 난 오로지 현재, 지금 이 순간, 현재 내가 만나는 사람, 내가 하는 일에 최선을 다

하고 싶을 뿐이다.

물론 미래를 걱정하지 않을 수는 없다. 가끔 미래를 생각하지만 아주 단기적인 일만 생각한다. 일주일 단위로 생각한다. 이번 주에 일어날 일, 내가 할 일, 하지 말아야 할 일 정도만 생각한다. 길어야 한 달 단위다. 아주 긴 것도 있다. 올해 책을 몇 권 써야지 정도는 생각한다. 더는 생각하지 않는다. 인생은 내 뜻대로 움직이지 않기 때문이란 사실을 너무 잘 알기 때문이다. 그 이상은 내가 어찌할 수 없다.

난 몇 달 후 약속이 불편하다. 몇 달 전 강의 요청을 받으면 불안하다. 6개월 후 있을 강의 때문에 몇몇 회사와 몇 번씩 미팅하느라 시간을 썼는데 코로나19 때문에 모두 취소됐다. 허무한 일이다. 정말 한 치 앞을 알 수 없는 게 세상일이다. 그런 면에서 난 "언젠가……"라고 말하는 사람을 신뢰하지 않는다. 언젠가 할일이면 지금 하면 된다. 언젠가 만날 것이면 당장 만나면 된다. 그 언젠가는 오지 않는다Someday never come. 현재만이 신뢰할 수 있는 유일한 순간이다. 현재를 충만하게 살아라. 지금 충만하지 않은데 미래에 충만할 수는 없다.

10.

소소한 일상에 행복이 있다

가족

아침에 커피를 갈아서 내린 후 아내를 주고 나도 마시며 함께 조간신문을 볼 때, 생일날 아내와 가족들이 내게 쓴 카드를 읽을 때, 오전에 운동하고 아내와 청국장집에서 식사하고 네일숍에서 같이 손톱 손질을 받고 마사지를 받을 때, 밤에 불을 끄고 온 가족이 누워 얘기를 나눌 때, 가벼운 차림으로 가족들과 산책하러 나갈 때.

아내는 약속이 있어 두 딸과 식사하고 데이트하는데 딸들이 나에게 팔짱을 끼고 지대한 관심을 보일 때, 가족들이 행복해하고 나를 안아줄 때, 아팠던 아내가 방긋 웃을 때, 딸들에게 좋은 옷을 사주고 그 옷에 딸들이 감격하고 고마워할 때, 휴일 오전 다 같이 운동한 후 가족들과 브런치를 할 때, 지방 강의에 가족을 동반할 때, 같이 드라이브하고 그 동네 맛집에서 음식을 즐길 때.

외국어를 공부하는 아내를 기다려 신세계 백화점에서 함께 식사할 때. "우리 집만큼 재미있는 집은 없다. 개콘보다 우리 집이 재미있다."라는 딸들의 고백을 들을 때, 몸살로 아팠는데 딸들이 잠결에도 나를 걱정했다는 얘길 들었을 때, 새벽에 자다 깨서 화장실에 다녀와 따뜻한 아내 몸을 안았을 때, 낮 동안 각자 일을 보다 저녁때 모여 밥을 먹으며 서로 안부를 묻고 놀리고 낄낄거릴 때, 소파에 서로 엉켜 드라마를 보고 과일을 먹을 때.

오래된 소파를 버리고 산뜻한 가구로 교체했을 때, 시원찮은 냉장고를 버리고 새 냉장고로 교체했을 때, 모두 미장원에 가서 화장하고 옷을 준비하고 가족사진을 찍은 후 외식을 할 때, 딸이 멋진 사윗감을 데리고 왔을 때, 결혼한 딸이 임신했다는 소식을 들었을 때.

첫 손자를 품에 안았을 때, 손자가 내 품에서 곤히 잘 때, 새벽에 손자가 잠이 깨 내게 와서 나를 보고 방실 웃을 때, 일주일 만에 만난 손자가 반가워 손을 내밀며 자기를 안아달라고 할 때.

딸들이 결혼기념일 선물로 가족사진을 찍고 그 사진을 보면서 시시덕거릴 때, 손자 주원이를 목욕시킬 때, 아이가 거품을 잔뜩 묻혀 내 얼굴을 닦아줄 때, 갓 태어난 손녀 다민이를 목욕시킬 때, 처음에는 울다가 자기도 좋은지 맑은 눈으로 나와 아내를 보고 웃을 때.

주말에 딸과 사위가 놀러 와 같이 먹고 놀고 웃으며 서로를 놀릴 때, 내가 소개한 지인 덕분에 딸이 문제를 잘 해결해 고맙다고 얘기하며 아빠를 자랑스러워할 때, 주원이가 씩씩하게 "할아버지!" 하며 집에 들어올 때, 아이를 번쩍 안고 얼굴을 비빌 때.

관계

소식이 끊겼던 사람을 우연히 길에서 만나 반갑게 인사를 나눌 때, 중국에 사는 친구 부부와 밥을 먹을 때, 유붕자원방래 불역락호有朋自遠方來 不亦樂乎, 30년 만에 옛날 직장 동료를 만나 추억을 더듬을 때, 동료들의 성공 소식을 들었을 때, 우연히 스타벅스에서 지인을 만나 그에게 아메리카노를 사주고 담소를 나눌 때, 커피 한 잔으로 두 사람 사이에 따스함이 느껴질 때.

서랍 정리를 하면서 옛날 사진을 보면서 낄낄거릴 때, 집사람 친구들 커피값을 내주는데 그들이 고마워하는 눈빛을 볼 때, 식당에서 낯선 사람들과 음식을 나눌 때, 혼자 짜장면과 군만두를 시켰는데 아무리 봐도 다 먹을 수 없을 것 같아 옆 테이블의 사람들에게 군만두를 주고 난 하나만 먹었다. 그들이 고마워하며 탕수육을 몇 개 주었다. 짧은 시간 우리 사이에 오고 간 따뜻한 눈빛과 말에 마음의 평화와 기쁨을 느꼈다.

친구의 인촌상 수상 소식을 듣고 축하 인사를 하고 수상 소감을 들었을 때, 친구의 성공이 나의 성공이란 생각이 들었을 때, 자랑스러운 친구들을 두었다는 사실을 되새길 때, 친구의 추천으로 대기업 사외이사가 됐을 때, 또 사외이사를 하면서 좋은 분들을 만나 사귈 때, 강의하러 가서 예전 직장 사람을 만났을 때, 강의 중 그 친구가 내가 어떤 사람이며 자신과 내가 어떤 관계였는지에 관해 나에 대해 좋은 평판을 해줄 때, 친척 부인이 우리 부부를 세상의 은인으로 생각한다고 하면서 선물을 가지고 왔을 때.

예전 직장 퇴직자들과 같이 골프를 치며 옛 추억을 되새길 때

진주에 있는 원장을 코칭하러 진주에 가서 같이 지리산을 타고 내려와 사우나를 하고 회를 먹으며 그분의 문제를 해결하고 소주를 한잔할 때, 그 상태로 고속버스를 타고 잠도 자고 음악을 들으며 지인들과 문자를 주고받을 때, 몇 년간 격조했던 지인을 만나 식사를 하며 그동안 있었던 일을 나눌 때, 강의 후 참석자

들과 갈비에 소주를 마시며 못다 한 얘기를 나눌 때, 서로에 대해 솔직히 얘기할 때, 한 사람의 인생 얘기를 들을 때, 어머니를 찾아뵐 때, 친구들과 낄낄대며 골프를 칠 때.

주는 기쁨, 돕는 기쁨

내 소개로 헬스장에 온 지인의 건강이 좋아졌다는 얘기를 들을 때. 내 책을 읽고 몸을 바꾼 사람이 같이 책을 쓰자고 제안했을 때. 두 사람이 기억난다. 『몸이 전부다』를 쓴 이상원 씨, 『몸이 답이다』를 쓴 오세진 씨. 이상원 씨는 내 책을 읽고 실제 몸을 변화시켰고 오세진 씨는 몸이 안 좋았는데 운동을 통해 건강해진 후 운동의 중요성을 깨달았다. 셋의 공통점은 운동으로 인생이 바뀐 사람인데 서로 만나 교류하면서 행복했다.

조언을 구한 사람에게 도리어 많은 걸 배울 때. 잘 모르는 사람이 자주 내게 조언을 구한다. 대세에 지장이 없으면 만나는데 대개 내가 도움을 주기보다 많은 걸 배운다. 서로가 서로에게 도움을 주는 격이다.

내 소개로 필요한 사람들이 필요한 것을 얻을 때, 책을 내고 싶은 사람이 책을 낼 때, 어려움에 빠진 코칭 대상자가 내 말에 용기를 얻어 눈을 반짝일 때, 차를 닦던 아줌마가 그만둔다는 얘길 들고 돈을 주었을 때, 꽃씻값 하라고 경비 아저씨에게 돈을 주었을 때, 벌금 때문에 투덜대던 택시 기사에게 팁을 듬뿍 주었을 때, 장거리를 뛰느라 수고한 렌터카 기사에게 팁을 주었을 때.

쇼핑을 마친 직원들이 밝은 모습으로 와서 같이 밥을 먹을 때. 그동안 고생한 직원들과 동대문 시장에 가서 그들에게 돈을 주고 쇼핑하라고 하고 나는 차를 마시며 기다렸다.

아내 몰래 장모님께 돈을 드릴 때, 돈이 부족한 사람에게 돈을 주었을 때. 말레이시아 여행 때의 일이다. 현지 돈이 남았는데 난 쓸 일이 없었다. 마침 내 앞의 젊은 아가씨가 쇼핑한 후 돈이 부족해 산 물건 중 몇 개를 내려놓았다. 남은 돈을 그녀에게 주었다. 그때 그 아가씨의 눈빛을 잊을 수 없다.

조카 등록금을 대신 내주었을 때, 명절 때 처남들에게 용돈을 주었을 때, 함박눈이 쏟아지는 날 양손에 짐을 들고 서 있던 할머니를 집까지 모셔다드렸을 때, 최재천 교수가 비서를 뽑는데 아는 헤드헌터를 통해 도와주었을 때.

책 내는 걸 도와준 후 그로부터 스승님이란 소리를 들었을 때, 공항 리무진 안에서 100달러짜리 지폐밖에 없는 교포에게 2만 원을 주었을 때. 나중에 그가 손수건을 비롯한 선물을 하면서 감사 편지를 보내왔다. 전철에서 무거운 짐을 든 아줌마의 짐을 들어주었을 때. 참기름병으로 쓴다는 병으로 가득해 엄청 무거웠다.

작은 도움이 상대방의 마음에 파장을 일으켰다고 느낄 때. 신경주역 KTX를 타는 곳에서 몸이 불편한 노부부를 도왔다. 사실 한 건 별로 없다. 잠시의 부축, 자리까지의 안내, 물을 가져다준 것이 전부다. 동대구역에서 딸이 탔는데 할머니가 계속 내 얘기를 하셨다. 이어 포도와 바나나 등을 마구 가져다주셨다.

일

서점에서 내 책을 산 독자를 만났는데 사인을 요청할 때, 독자가 책을 읽고 고맙다는 편지를 보내올 때, 신간을 받은 지인들이 감사하단 연락을 할 때, 흡도호처恰到好處할 때, 말과 행동이 딱 들어맞을 때, 지나침도 모자람도 없을 때.

내 책이 베스트셀러에 오르고 등수가 올라가는 것을 볼 때, 인세가 예상외로 많을 때, 0이 하나 더 붙었다는 사실을 알았을 때, 많은 세금을 예상했는데 오히려 환급되었다는 사실을 듣고 그 돈이 입금되었을 때, 상대방이 필요한 걸 줄 수 있을 때, 독자가 절판된 내 책을 읽고 싶다고 연락해올 때, 족집게처럼 상대방의 특성을 알아맞혀 그가 깜짝 놀랐을 때.

강의 후 환대를 받았을 때. 수강생들이 몰려와 사진을 찍고 사인을 하고 야단법석이었다. 다른 부서 사람들이 그 자리에서 다시 강의를 요청하면서 일정을 조정해달라고 했다. 내가 뭐라고, 내가 그들에게 무슨 일을 했다고 이렇게 환영해줄까. 돌아오는 길에 가슴이 뭉클했다. 사람들이 내 글을 읽으며 행복하다는 편지를 보내올 때, 강의를 하는데 사람들 눈이 반짝이는 것을 볼 때, 강의 후 가슴이 시원해져 차를 몰며 음악을 들을 때, 아침마다 공부할 때, 감동적인 강연을 들을 때, 끝내주는 책을 발견했을 때, 멋진 글이 써질 때, 내가 쓴 글을 읽으며 내가 감탄할 때, 새로운 시상이 떠오를 때.

책을 쓰고 있는데 거기에 딱 맞는 책을 구해 읽을 때, 책을 요약할 때. 책 요약은 조각과 비슷하다. 다듬어가면서 하나하나 쓸데없는 것을 벗겨내고 엑기스만 남긴다. 힘든 원고를 탈고하고 넘겼을 때, 책이 제본되어 내게 왔을 때.

일주일간 많은 사람을 만나고 사건을 겪은 후 그 일에서 배운 무언가를 음악을 들으며 글로 옮길 때, 새벽부터 몰입해 일을 하고 점심 후 잠깐 졸 때, 눈이 번쩍 떠지는 사람을 만나 그의 얘길 들을 때, 그 얘기가 머릿속에 스파크를 일으키고 영감을 불러일으킬 때, 손에서 놓을 수 없는 책을 만났을 때, 가슴에 와닿는 격언을 들었을 때.

새로운 깨달음을 얻었을 때, 내 신간이 나왔을 때, 신간을 보내고 이를 받은 지인들이 피드백을 줄 때, 여러 조직에서 자문하는데 내 코멘트에 사람들이 감동하고 이를 실행할 때, 통찰력 있는 아이디어를 주고 그걸 들은 클라이언트의 눈이 반짝일 때, 자문위원들끼리 지적 교류를 하면서 뇌가 활성화될 때.

지적 호기심이 많은 사람과 와인을 마시며 지식의 향연을 펼칠 때, 통찰력 있는 책을 읽고 그것을 필사한 후 정리할 때, 정리한 내용을 다시 찾기 쉽게 재배치할 때, 사람들에게 좋은 아이디어를 주고 그들의 눈이 반짝 빛날 때, 우연히 메모하다 글을 썼는데 의외로 멋진 작품이 되었을 때.

공사세, 책사세, 글사세 같은 공부 모임에서 사람들과 불꽃 튀는 지식의 향연을 펼칠 때, 어른공부 단톡방에 아침마다 올라오는 질문에 대해 깊이 생각하고 답을 하고 거기에 사람들이 좋은 반응을 보일 때, 다독다독이나 월급쟁이부자 같은 팟캐스트에서 진행자들과 얘기를 나누면서 영혼이 통하는 느낌이 들었을 때.

소소한 기쁨들

더운 날 힘들게 골프를 친 후 생맥주를 한잔하고 집에 오는 차 안에서 잘 때, 신나게 강의한 후 저녁에 생맥주를 한잔할 때, 아욱된장국을 먹을 때, 새벽에 차 한 잔을 마실 때, 속이 따뜻해지면서 영혼이 맑아질 때.

시간에 쫓겨 바쁜데 부른 듯 전철이 올 때, 세라젬 온열기에 누워 있을 때, 시원하게 배설할 때, 사랑하는 사람과 맛깔난 대화를 할 때, 내 조언으로 상대의 문제가 해결되었을 때.

아침 코칭 시간을 기다리며 높은 의자에 앉아 아메리카노 한 잔을 마시며 창밖을 볼 때, 휴대전화를 끄고 늦잠 잘 때, 넷플릭스에서 끝내주는 영화나 다큐를 발견하고 이를 볼 때, 아무 생각 없이 여기저기 돌아다닐 때, 공원에서 멍때리고 있을 때.

누워서 하늘을 바라볼 때, 최근 들은 가장 웃겼던 얘기를 떠올리고 맘껏 웃을 때, 헬스장에서 지인을 만나 반갑게 인사하고 안부를 나누고 같이 운동할 때, 힘든 한 주를 보내고 시간이 빌 때, 오랜만에 누워 뭉그적거리며 맘껏 게으름을 피울 때, 밀린 신문, 밀린 책, 밀린 운동을 하고 먹고 자고 어영부영할 때.

새벽에 신문을 볼 때, 거기서 나는 신선한 잉크 냄새를 맡으며 하루를 시작할 때, 라벤더 향을 맡으며 명상할 때, 갑작스러운 강의나 스케줄 취소로 통째로 시간이 비었을 때, 맘에 드는 옷을 발견하고 이를 샀을 때, 남들이 출근하는 시간에 놀러 갈 때, 푹 잤다고 생각했는데 아직 이른 시간이라 더 잘 수 있을 때.

약속들 사이 시간이 많이 비었는데 때마침 약속이 잡혔을 때, 맨발로 잔디밭을 걸을 때, 골프장의 푸른 잔디를 보며 걸을 때, 비 오는 날 비를 맞고 걸을 때, 안경을 새로 맞췄는데 정말 맘에 들었을 때.

건강

힘든 근육 운동 후 뻐근함을 느낄 때, 그 후 샤워하고 가만히 앉아 있을 때, 좀 무리한 무게로 스쾃을 한 후 걷기에 불편함을 느낄 때, 감기로 2주간 고생하다 몸이 나았을 때, 더 이상 기침도 열도 나지 않을 때, 바쁘다는 핑계로 문제가 된 치아를 놔두었다가 시간 내 치료했을 때, 불분명한 이유로 관계가 소원했던 친구와 관계를 회복할 때, 사전에 충치를 발견해 신경 치료 없이 간단히 치료를 끝냈을 때.

아프다 나았을 때. 다리 종아리가 아파서 며칠 고생을 했다. 그냥 씩씩하게 걸어 다니는 사람이 그렇게 부러울 수 없었다. 종로에서 을지로에 가는데도 걸어갈 엄두가 나지 않아 택시를 타야 했다. 그러다 며칠 만에 나으니까 정말 날아갈 것 같았다. 2주간 콧물감기로 컨디션이 엉망이었다. 휴지 한 통을 다 쓴 것 같다.

인중과 코 옆에 염증까지 생겼다. 면도하기도 힘들었는데 시간이 지나면서 말끔하게 나았는데 그 사실을 인지하니 행복했다.

날씨

그림처럼 좋은 5월 어느 날 반소매로 나서는데 팔에 스치는 바람을 느낄 때. 그 바람의 느낌이 시원하고 달콤하고 가슴이 설렌다. 5월은 그 자체로 사람을 설레게 한다. 사람을 행복하게 한다. 야외 카페에 앉아 적당한 온도를 느끼며 사람 풍경을 본다.

초면의 여인들이 날 찾아와 자기소개를 하고 고민을 털어놓을 때, 빗소리를 들을 때, 계속되던 가뭄 끝에 비가 내릴 때 올라오는 흙냄새를 맡을 때, 잔디 깎는 냄새를 맡을 때.

칭찬

딸들과 외식하는데 부녀지간이란 얘길 듣고 서빙하던 사람이 깜짝 놀랐을 때, 손자를 안고 외출했는데 아버지냐는 질문을 받았을 때, 결혼식 화장을 하러 갔는데 신랑이냐는 질문을 받았을 때, 제삼자를 통해 내 칭찬을 들을 때, 에몬스 사장이 내 책을 다 읽고 강연을 요청하고 선물을 주었을 때, 희연병원 이사장이 『오픈 시크릿』을 읽고 강연을 요청했을 때.

정리 정돈

냉장고 속 남은 음식을 깨끗이 먹어 치울 때, 여행 후 어질러진 집 안을 정리할 때, 지저분한 책상과 서랍을 정리할 때, 그러다 생각지도 못한 물건을 발견할 때, 밀린 우편물을 정리하고 답신하고 일 처리를 한 후 차 한 잔을 마실 때.

마음을 고쳐먹을 때. 세금이 왕창 나왔다. 한 해 번 것을 다 내야만 했다. 며칠간 억울한 생각이 들었다. 그래도 낼 건 내야지 어떻게 하겠는가? 어느 순간 이런 생각이 들었다.

'내가 유능하구나. 돈을 많이 벌었구나. 많이 벌면 세금을 많이 내는 건 당연한 것 아니야? 그럼 넌 한 푼도 못 벌고 세금도 안 내는 그런 사람이 되고 싶니?'

동시에 난 국비 유학생으로 국가의 혜택을 많이 받았다는 생각도 들었다. 그래서 이렇게 생각을 정리했다. 내가 낸 돈이 누군가를 위해 요긴하게 쓰일 것이다. 이 돈은 내 돈이 아니다. 잠시 내게 온 것이다. 이젠 헤어질 때가 됐다. 돈을 벌 때 기뻤으면 됐다. 그동안 즐겼다. 그러자 마음이 평안해지면서 행복감을 느꼈다.

고수의 행복 수업

초판 1쇄 인쇄 2024년 6월 3일
초판 1쇄 발행 2024년 6월 10일

지은이 한근태
펴낸이 안현주

기획 류재운 **편집** 안선영 김재열 **브랜드마케팅** 이승민 **영업** 안현영
디자인 표지 섬세한곰 본문 장덕종

펴낸 곳 클라우드나인   **출판등록** 2013년 12월 12일(제2013-101호)
주소 우) 03993 서울시 마포구 월드컵북로 4길 82(동교동) 신흥빌딩 3층
전화 02-332-8939   **팩스** 02-6008-8938
이메일 c9book@naver.com

값 18,000원
ISBN 979-11-92966-77-9 03320